초록의 길

자연환경을
사랑하는 시와 에세이

초록의 길

박근

생태환경 문학의 씨앗

1. 물 위에 물 아래

우리나라에서 자연환경이나 생태계 파괴 현실이 사회문제로 크게 대두되고 문학 분야에서도 중요한 주제로 다루어지기 시작한 시기는 1980년대 말이나 1990년대 초반부터일 것이다. 그 무렵부터 "생태환경 문학"이라는 용어가 등장하고 생태환경 문제를 집중적으로 다룬 문학 작품집이나 학술 도서가 여러 권 출간되면서 세간의 주목을 받은 바도 있다.

그런 점에서 작가 조세희의 연작소설집 『난장이가 쏘아올린 작은 공』에 수록된 「기계 도시」라는 작품은 단연코 예외적으로 읽힌다. 1970년대 중반에 발표된 그 단편소설에서 조세희는 "은강"이라는 가상의 하천을 소재로 삼아서 공장 폐수가 하천을 비롯하여 도시 전체를 오염시키는 자연생태계 파괴 현실을 본격적으로 다루고 있기 때문이다. 그는 산업화가 가열되면서 자연환경이 파괴되는 현실을 누구보다 일찍 경계하고 비판하거나 고발하는 생태환경 문학의 방향을 제시한 선구자였던 셈이다.

시인의 경우에는 오늘 우리가 감상할 작품을 써낸 최승호나 이하석 시인이 그런 역할을 감당하였다. 1980년대 초반에 펴낸 최승호 시인의 첫 번째 시집 『대설주의보』에 수록된 다음의 시편이 바로 생태환경 시문학의 선두 작업을 이끌었던 셈이다.

관광객들이 잔잔한 호수를 건너갈 때

호수 밑바닥으로 내려가
배때기가 뚱뚱해진 쓰레기들의 엄청난 무덤을,
버려진 태아와 애벌레와
더러는 고양이도 개도 반죽된
개흙투성이 흙탕물 속에
신발짝, 깨진 플라스틱 통, 비닐 조각 따위를 먹고 배때기가
뚱뚱해진 쓰레기들의 엄청난 무덤을,
갈수록 시체처럼 몸집이 불어나는 무덤을

본다 폐수의 독에 중독된 채
창자가 곪아가는 우울한 쇠우렁이를
물가에 발생했던 문명이
처리되지 않은 뒷구멍의 온갖 배설물과 함께
곪아가는 증거를

호수를 둘러싼 호텔과 산들의 경관에
취하면서 유원지를 향해
관광객들이 잔잔한 호수를 건너갈 때

—「물 위에 물 아래」

이 시편은 1987년부터 1994년까지 경기도 안산에 건설된 시화방조제로 조성된 인공호수의 오염 실태를 비판하고 고발하는 생태환경 시문학의 예언자 역할을 감당하였다. 시화호 같은 인공호수를 비롯하여 대한민국의 거의 모든 하천과 저수지의 환경오염 실태를 선구적으로 파헤쳐 보인 이 작품에서 시인은 수질오염의 끔찍한 상황보다, 그런 상황을 감쪽같이 감추고 "호수를 둘러싼 호텔과 산들의 경관에 취"하도록 관광객들의 시선을 유도하는 자본주의의 음험한 소비 전략에 날카로운 비판의 시선을 집중하고 있다.

자본주의의 소비 전략을 효과적으로 촉진하는 도구인 영상매체를 통하여 사람들의 시각적 욕망에 대한 수요는 엄청나게 증대하였다. 사람의 인격이나 능력보다 오히려 외모를, 그리고 물건의 쓰임새보다 디자인이나 상표를 중요하게 생각하는 태도도 그런 사회적 현실에서 비롯되었다.

이 작품에서처럼 인공호수를 만들어놓은 이유도 물가에 세워놓은 호텔과 산들의 경관을 돋보이게 하기 위한 것이었을 뿐, 호수 그 자체의 존재 가치는 철저하게 무시되고 있다. 호수는 자연의 생명이 아니라 자본주의 상품으로 팔아먹을 수 있는 풍경을 위한 디자인이나 상표로 제작되었을 뿐이다. 더욱 무서운 현실은 인공호수의 보이지 않는 곳에 대한 무관심과 무책임의 결과이다.

이 작품에서 버려진 호수의 물속은 눈에 보이지 않는 마음의 세계와 같은 것인지도 모른다. 현대사회에서 사람들이 눈에 보이는 세계에만 빠져 있는 동안 사람들의 영혼과 마음은 버려진 호수의 물속처럼 병들고 죽어갈 수 있기 때문이다.

본래 자연은 물 위의 세계와 물 아래의 세계를 구분하거나 가로막지 않는다. 모든 것들이 서로 연결되어 있으며 소통하고 있는 법이다. 아마도 '기(氣)'의 흐름이 우주 전체를 넘나드는 이치가 그런 결과를 만들어내고 있을 것이다. 물의 순환이야말로 그런 이치를 대표하는 사례일 텐데 인간의 시화방조제와 같은 인간의 문명은 그런 점에서 대조적인 특징을 보여준 셈이다.

서양의 중세에는 인간뿐만 아니라 자연의 존재도 등급을 정해놓고 위계질서를 만들어놓아 서로의 소통을 가로막는 부작용을 초래하더니 근대 이후에는 자본의 이익을 창출하기 위하여 생명 유지를 위한 소통을 가로막는 만행을 서슴없이 저지르고 있다. 시화방조제나 4대강 개발사업도 인간의 근시안적인 욕망과 편의를 위하여 자연의 흐름을 가로막고 생명 자원을 죽음의 엔트로피를 증대시키는 재난으로 만들어버린 결과였던 셈이다. 그러한 재난들은 결국 엄청난 대가를 치른 후에야 본래의 상태로 돌이켜졌다. 우리가 가로막아야 할 것은 자연의 존재가 아니라 인간의 탐욕이라는 사실을 뼈아픈 교훈으로 안겨준 채로.

2. 백팔 배의 효과

몇 년 전부터 허리가 부실해지고 계단을 오르내리면 무릎도

약간 시큰거리는 느낌을 받게 되었다. 그리하여 이런저런 대책을 궁리해 보다가 오래전에 그만두었던 백팔 배를 아침에 일어난 자리에서 다시 시작하게 되었다.

백팔 배를 하면서 허리와 무릎은 물론이고 마음마저 달라지는 느낌을 받게 되었다. 이부자리를 걷고 매트를 깔아놓은 자리에서 절을 하면서 두 가지 마음가짐을 품는 효과가 생겨났다. 첫 번째는 누군가에게 감사하는 마음, 경배하는 느낌을 간직하게 되었다. 비록 30여 분의 시간 동안이었으나 바닥에 엎드리면서 나보다 소중하고 위대한 존재를 느끼는 마음가짐이 생겨나는 시간이었던 셈이다. 그와 동시에 나는 문제가 많은 보잘것없는 존재라는 두 번째 느낌도 맛보게 되었다. 그리고 두 가지 느낌이 반복되면서 몸과 마음이 조금씩 맑아지고 건강해지는 효과마저 생겨났다.

내가 아침마다 백팔 배를 하면서 근원적인 존재에게 경배하는 마음과 나를 낮추고 반성하는 마음을 품은 것은 어쩌면 현대인이 자연에 대하여 품어야 하는 마음가짐일지도 모른다. 우리를 태어나게 해주고 우리가 생명을 유지하도록 모든 것을 베풀어주는 자연에 대하여 끊임없이 위해를 가하는 우리 현대인이 자연과 삶의 올바른 관계를 돌이켜 생각해 보는 계기가 마련되었으면 하는 소망이 자연환경을 노래한 시를 고르고 생태환경 현실을 돌아보는 생각을 풀어내도록 이끌었다.

3. 함께 사는 길

본래 이 책에 실린 글들은 우리나라 자연환경 문제를 고민하고 해결하는 일에 앞장서 온 환경운동연합의 기관지였던 월간지 『함께 사는 길』에 2007년 1월부터 잡지가 종간되는 2024년도 1월호까지 연재되었던 「별뉘 읽기」 중에서 선택하고 수정한 내용이다. 매달 생태환경 문제를 주제로 삼은 시작품을 한 편 찾아서 소개하며 우리 일상생활에서 생각해 보거나 사랑해 보아야 할 자연의 모습과 가치를 간략하게 설명해 놓은 에세이 모음집인 셈이다.

이십여 년 가까이 『함께 사는 길』에 소중한 지면을 허락해 준 박현철 주간과 박은수 기자의 후의를 잊을 수가 없다. 30여 년 동안 어려운 사회경제적 여건 속에서 오로지 우리나라 자연환경 보존을 위하여 매진해 온 두 분의 열정과 희생에 먹먹한 감동의 마음을 되새겨 본다.

이 글들을 모아서 책으로 펴낼 수 있도록 도움을 제공한 평생의 친구인 학주와 아름다운 삽화를 그려준 큰 며느리 원경에게도 감사의 마음을 전달하고 싶다.

2025년

방학동 거처에서

차례

2부 / 자연환경을 사랑하는 시와 에세이

/ 1부 /

자연환경을 생각하는 시와 에세이

그늘 속의 삶

“그림자”라는 낱말의 뜻을 사전에서 찾아보니 “물체가 빛을 가리어 물체의 뒤에 나타나는 검은 형상”이라고 풀이되어 있다. 나에게는 “물체의 뒤에 나타나는”이라는 설명이 유심히 보인다. 뒤에 나타나는 것은 잘 보이지 않기 때문이다. 뒤에 나타나기 때문에 사람들은 자기 그림자를 잘 보지 못하는 법이다. 그림자를 보려면 뒤돌아보아야만 한다. 그런데 현대사회에서, 특히 우리나라에서는 뒤를 돌아보는 삶의 자세를 별로 권장하지 않는다. 뒤를 돌아보는 자세를 보였다가는 다른 사람들과의 경쟁에서 밀려나기 쉽다고 생각하기 때문이다.

새해가 되면 사람들은 더욱 앞만 열심히 바라보고 살아갈 결심을 하기가 쉽다. 나날이 새로운 정보와 일거리가 쏟아져 나와서 조금이라도 한눈을 팔았다가는 경쟁에서 밀려난다고 생각하는 강박증에 시달리기 때문이다. 그러니 앞이 아니라 뒤에 생기는 그림자는 돌아보고 품어줄 여지가 없다.

그런 점에서 그림자가 대접받는 경우는 자연의 존재들뿐이다. 시골 마을의 정자나무 그림자가 대표적인 경우다. 그늘로 존재감을 마련하고 다른 존재를 위해 품을 빌려주는 역할을 사람들은 도무지 감당할 여력이 없다. 남을 품어주기는커녕 남을 밀어내기에 여념이 없을뿐더러 사람이 만들어 보이는 그림자 크기란 것도 너무 왜소해서 남을 품어주기가 어렵다.

김완하 시인은 한여름에 그림자의 역할을 살펴보는 시편 속에서 그런 문제를 되짚어보는 기회를 제공해 준다.

그림자 따라 걷다가
빈집 앞을 지난다
제 그림자 볼 수 없어 매미는
땡볕 속에 소리를 쏟아낸다
소리에는 그림자가 없다
마당엔 풀들이 가득 에워싸고
집에는 그림자 풍년이 들었다
제 그늘 속에 집은
턱 하니, 또 한 채의 집을 짓고
마당 가득 풀을 키웠다

우거진 그늘 안고 누웠다
이곳에 살던 사람들
밖의 세상으로 떠나보내고
집은 비로소 집에서 벗어나
그늘 속으로 내려앉았다
집을 세운 사람들 품고,
낑낑대는 강아지 한 마리의 밤도
아늑하게 품어 키웠다
이제 새벽 별빛만 뜰팡 위로 구른다
사람들이 떠나자 집은
비로소 허물을 벗어버리고
한 채의 그늘로 돌아가
집 속에 집을 완성하였다

—「그늘 속의 집」

이 작품 속에서 주인공이 그림자를 따라서 걷는 이유는 계절이 여름이기 때문이다. 뙤약볕을 피해서 건물이나 나무의 그림자 속만 따라서 걸어가 보는 것이다. 그늘을 찾는 셈이다.

그런 모습과 반대로 '소리 지르기에만 바쁜 매미'의 존재감은 분주한 욕망에 시달리는 인간의 모습과 흡사해 보인다. 게다가 김완하 시인은 "소리에는 그림자가 없다"라고 까지 규정하기도 한다. 분주한 문명의 생활 방법이 소음에 시달리는 모습과 겹쳐 보이고, 그런 모습에서는 휴식할 그늘조차도 찾아보기 어렵다는 뜻을 비유한 셈이다.

소리내기에만 분주한 매미의 반대편에 '빈집'이 자리 잡고 있다. 빈집은 사람도 없지만 소리도 없다. 그런 존재들이 사라져 버린 빈집을 김완하 시인은 "그림자 풍년이 들었다"라고 규정한다. 그늘이 많아져서 쉴 곳도 많고 "마당 가득 풀을 키"워 낼 수 있는 곳으로 변해 버린 빈집은 문명의 자취를 떨쳐내고 자연의 자취로 풍요로운 곳이 되어준 셈이다. 그런 곳으로 돌아가서 쉴 수 있다면 좋겠다는 마음이 사람들을 새해 설날에 고향을 찾아가도록 이끄는 듯하다.

스펙으로, 재산으로, 권력으로 삶을 꽉꽉 채우고 살아가기 위해 앞만 보고 달려가는 자본주의 추종자들에게 시인은 경쟁과 욕심의 허물을 벗어버리도록 권고하고 있다. 어쩌면 지구는 사람들만 떠나가면 아무런 문제도 없을지 모른다. "사람들이 떠나자 집은/비로소 허물을 벗어버리고"라는 표현에서 그런 속내를 엿볼 수도 있다. 자기 그림자를 돌아보듯이 공격적인 삶을 반성하고, 그늘에 머물듯이 삶의 욕심을 내려놓고, 허허로운 마음으로 살아가는 지구인들이 되었으면 좋겠다. 그래야 인간 때문에 늘 손해 보고 상처만 입는 지구에게 덜 미안할 것이다.

초록의 길

몇 년 전 늦여름에 큰아들의 장모께서 천일홍 화분을 보내주신 적이 있다. 천일홍은 오래 지속되는 생명의 속성에 대한 염원을 꽃 이름으로 담아내고 있어서 함께 늙어가는 처지에 있는 안사돈과 우리의 마음을 이어주는 매개체가 되었다. 그런데 화분을 받은 며칠 후에 아내가 화분에 물을 주다가 새끼손톱보다도 작은 생명체를 천일홍 이파리에서 찾아냈다. 토종 달팽이에 속하는 명주달팽이 새끼였다. 아내와 나는 그 생명체를 어떻게 처리할지 고민하다가 집에서 키워보기로 작정했다.

집에서 생명체를 키우는 일은 참으로 오랜만이었다. 10여 년도 더 전에 아들이 구해온 붉은 귀 거북이를 2년인가 3년 키우다가 냄새가 심해지고 체구도 너무 커져서 감당하지 못하고 생물 수족관에 넘겨주고는 처음이었다.

그런데 공교롭게도 아내가 시장에서 사 온 취나물을 씻다가 또 다른 명주달팽이를 찾아내고 말았다. 그건 조금 큰 모양을 하고 있었는데 어쨌거나 두 마리를 플라스틱 상자에 넣고 천장에 구멍을 뚫어서 숨을 쉴 수 있도록 하고 먹이를 검색해서 당근과 이파리를 넣어 주었다. 그렇게 새로운 동거생활이 시작되었다.

밖의 자연과 조명 시간이 비슷하도록 저녁이면 플라스틱 통을 어둡게 가려주고 하루 간격으로 배설물을 치우고 물통과 먹이를 바꿔 주었다. 아침이면 산책하도록 플라스틱 뚜껑을 열어 놓고 달팽이가 통 바깥 너머로 나다니도록 조처도 해주었다.

그러다가 큰 녀석을 잃어버리고 말았다. 뚜껑을 열어놓고 산책을 시키다가 잠깐 한눈을 팔았는데 시야에서 사라져 버린 것이었다. 아내와 나는 눈에 불을 켜고 주변을 샅샅이 뒤졌으나 찾아낼 수가 없었다. 아내는 큰 상심에 잠겨버렸다. 1년 가까이 돌보아서 정이 많이 들었던 탓이었다. 그리고 그로부터 1년 가까이 작은 녀석은 혼자서 외롭게 생을 이어 나가더니 어느 날 껍데기 속에서 몸을 웅크리고 생을 마감했다. 자연사한 것으로 판단한다.

우리가 큰 녀석의 존재를 찾아낸 것은 그로부터 몇 년 후에 작은아들이 독립해 나가면서였다. 짐을 옮기고 새로 도배를 하려다가 거실 책장 뒤에서 큰 달팽이 껍데기를 발견하게 된 것이었다. 덜컹하는 마음으로 달팽이를 들어서 속을 들여다보았으나 안은 텅 비어 있었다. 그런 변화가 내게는 낯설고 신비롭게 받아들여졌던 듯하다. 그런 모습은 마치 껍질 속에 존재했던 생명체가 다른 세계로 이동해버린 것 같은 느낌을 안겨주었을 것이다. 그런 느낌과 함께 명주달팽이의 죽음은 나에게 이하석의 시편 「초록의 길」을 떠올리게 해주었다.

때때로 가벼운 주검이
아주 가까운 데서 만져지는 수가 있다.
11월의 오후, 차고 마른 풀잎들이 모여 있는
도시 변두리 또는 도심의 공터의
푸른 빛이 먼지와 함께 흩어지는 곳에서.
방아개비 한 마리를 내가 사는 아파트의 빈터에서 서성대다 발견했다. 아 이들의 노래소리 가까이 그 주검은 아무도 몰래 버려져 있었다. 바랭이풀의 마른 잎 사이에서 서걱이는 것을, 처음에 나는 빈터 멀리서 날아온 은사시나무 가로수의 마른 잎인 줄 알았다. 그것은 속날개였다. 바깥을 덮었던 초록 외피의 튼튼한 겉날개는 떨어져 나가고, 속날개는 끝이 찢긴 채 몸체에 겨우 붙어 바람에 미세하게 흔들렸다. 흡사 죽어간 방아개비의 몸을 떠나, 방아개비의 초록 영혼을 이 도시의 하늘 위로 날리는 것처럼. 통통했던, 미세한 물결무늬로 마디를 이루었던 배는 벌레에게 뜯겨 나가, 속이 비어 있었다. 머리 역시 반쯤 뜯겨나가, 속이 비어 있었다. 껍질뿐인 몸으로 바람에 조금씩 날개 파닥이며 닳아갔다. 우리가 사는 도시의 밑바닥에는 칼날의 바람이 끊임없이 불어댔다. 나는 풀밭을 계속 걸어다녔다. 잠시 후 풀섶 아래서 풀무치의 주검을 보았다. 이어서 여치와 잠자리의 주검들을 보았다. 그러나 이 주검들 앞에서 애통해 할 까닭은 없다.

… (중략) …

풀무치와 방아개비, 여치 잠자리들은 그들의 빛나는 날개로 여름을 분주히 날았고, 어쩌다 이곳까지 왔었고, 죽을 때가 되어서 죽은 것이다. 그 이상은 아무 것도 아니다. 다만 이 아파트의 가까운 이웃이 죽었을 때, 애통해 하는 가족들의 울음 속으로 여치 울음이 끊임없이 들렸음을 나는 슬퍼한다. 죽은 이는 밧줄에 묶여 지상에 내려가 장의차를 타고 도심을 빠져 나갔다. 이 도시와 산을 눈물로 이은 길을 만들면서. 또 나는, 사랑하는 이를 그릴 때 풀벌레의 울음을 끊임없이 들어야 하는 길고 고적한 밤도 보냈다. 내가 발견한 풀벌레의 주검들은 그때 내 영혼을 흔들던 그것들이었으리라. 지금은 모든 풀벌레 소리도 끊기고, 밤은 너무나 고요하다. 모든 풀벌레들의 울음은 죽었다. 그러나 나는 그것들 하나하나가 온 길을 비로소 찾아 나설 마음이 인다. 풀무치는 초록의 길을 따라, 산이나 들에서 이 도시의 깊은 곳으로 왔다. 처음엔 들판에서 쉽게 이어진 초록의 길이 도시 변두리의 빈터로 이어졌으리라. 그 다음엔 우리가 모르는 풀에서 풀로 이어진 길이 풀무치를 미세하게 이끌었으리라.

이하석의 시편에 등장하는 껍데기만 남은 풀벌레의 몸은 우리가 잊고 살아가는 자연의 소중한 진실을 일깨운다. 우리가 잃어버린 진실, 막연하게 자연이 늘 우리 곁에 변함없이 존재하리라고 믿으며 생활하면서 잃어버린 진실. 우리는 풀벌레들이 늘 튀거나 날아오르며 정겨운 노랫소리를 들려주리라고 기대하며 풀밭과 산길을 거닐었었다.

내가 명주달팽이를 키운 까닭도 그런 믿음이나 기대감에서 촉발되었을 것이다. 아무리 미세한 존재라도 생명체의 죽음이나 소멸은 내키지 않거나 꺼림직한 느낌을 안겨주는 현실이었기 때문이리라. 어쩌면 그런 느낌은 무의식적으로 나의 생명에 대한 보존 본능과 이어져 있을 것이다. 나도 언젠가는 주검이 되어 자연으로 돌아가야 하리라는 사실을 외면하며 오늘의 생명 활동만 확인하고 즐기려는 욕망이 다른 생명체들의 죽음을 목격하거나 생각하지 않으려는 집착으로 이어졌을 것이다. 그러다가 불쑥, 주변에서 주검을 목격하면 낯설고 서늘한 느낌과 함께 나를 포함한 자연의 존재 이치를 되새기게 된다. 이승의 생명과 죽음을 포괄하는 자연의 존재 이치.

이하석 시인의 시편에서 풀무치가 보여준 '초록의 길'은 평소에 알아차리지 못했던 생명 활동의 여정을 섬세하면서도 실감할 수 있도록 보여주고 있다. 그 길은 살아서 활동하는 목숨의 여정뿐만 아니라 죽음을 맞이하는 여정까지를 보여주며, 우리가 평소에 느끼거나 깨닫지 못했던 자연의 생명 현상이 얼마나 간절하며 끈질기게 이어지고 확장되는지를 제시해 주고 있다. 그렇게 이어지는 초록의 길이 우리가 이승에서 삶을 살아내고 보내는 마음가짐과 자연의 생명 질서를 대하는 마음가짐을 새로 가다듬게 만들어 준다.

꽃 먹는 소

『꽃으로도 때리지 마라』는 수필집이 있다. “국민 어머니”라는 영예로운 별명을 가진 탤런트 김혜자 씨가 출간해서 베스트셀러가 되었는데, 아프리카에서 난민과 아동 보호 자선활동도 열심히 한 삶이 아름다운 내용으로 서술되어서 좋은 반응을 얻은 듯하다. 제목도 독특한데, 이 제목에서 중요한 것은 꽃이 아니라 꽃으로 맞는 사람일 것이다. 쉽게 풀어보면 아무리 아름답게 치장하더라도 사람에게 아픔을 주어서는 안 된다는 정도의 뜻이 될 듯하다. 그런데 나로서는 아픔을 당하는 사람보다 회초리 역할을 하는 꽃이 더 가여워 보인다. 꽃은 무슨 죄가 있길래 이렇게 회초리 역할을 감당해야만 하는 것일까?

나는 꽃다발을 주지도 않고 받는 것을 좋아하지도 않는다. 금방 시들어버리는 꽃다발을 돈으로 사고 선물하는 행위가 마땅치 않은 탓도 있지만, 마음속 깊이 꺼리는 게 있어서 그렇기도 하다. 그건 바로 살아있는 생명체를 가위로 싹둑싹둑 잘라버리는 꽃꽂이가 마땅치 않은 마음가짐이다. 꽃도 자연의 소중한 생명이다. 그것을 단지 사람의 취향과 눈의 즐거움을 위해서 죽여버리는 행위가 꺼림직한 것이다.

"산화공덕"이라는 사자성어가 있다. 불교에서 유래된 말이다. 부처님을 기리는 뜻으로 부처님 가시는 길에 연꽃을 뿌려서 공덕을 찬양하는 행위를 일컫는다. 그런데 살아있는 모든 생명을 소중하게 여기신 부처님께서 과연 당신 발치에 꽃을 꺾어서 던지는 행위를 좋아하셨을지 의문이다. 꽃과 연관된 다음 시편도 그런 문제에 참고가 될 듯하다.

인도의 소읍, 어느 성인의 탄신을 기리는 축제라던가?

떠들썩 떠들썩한 축제 행렬 막 지나간 길, 꽃으로 가득한 트럭 위에서 사내들이 던진 꽃들 질펀하게 깔려있네

흠! 흠!

붐비는 재스민 금잔화 향기 맡고 나타났을까, 난데없이 어슬렁거리며 등장한 흑소 몇 마리,

더 넓을 순 없는 여물통, 뜨겁게 끓는 아스팔트에 깔린 꽃들 우적우적 씹고 있네

갈비뼈 아른아른 비쩍 마른 흑소들, 야윈 신들,

꽃으로 주림을 채우고 있네 오, 공양(供養)? 맞네! 저 석조사원의 죽은 신들보다 죽은 성인들보다

살아 있는 신들 먹여야 하리
무엇보다 꽃으로 먹여야 하리

꽃으로!

— 고진하, 「꽃 먹는 소」

이 작품의 배경도 인도이다. 부처님에게 꽃을 바치듯이 축제를 즐기면서 성인에게 바친다는 뜻으로 사람들이 길거리에 꽃을 뿌려 놓았는데, 놀랍게도 그 꽃을 검은 소들이 "우적우적 씹고" 있다. 이 상황을 어떻게 받아들여야 할까? 나는 그 상황이 너무도 아름답고 절실해 보인다. 소에게 눈의 즐거움이나 취향은 사치일 것이다. 소는 단지 자신의 생명을 유지하기 위하여 자연스럽게 꽃들을 먹고 있을 뿐이다. 그 행위는 자연의 질서에 따라서 생명을 나누고 소통하며 순환하는 행위인 것이다. 그리하여 시인도 "꽃 먹는 소"를 "살아 있는 신"에 비유하고 있다. 오직 인간만이 마땅하게 필요하지 않은데도 취미 활동으로 동물을 죽이

고, 꽃을 꺾어 죽인다.

내가 어릴 때는 먹고 살기가 힘들어서 그랬는지 자연을 바라보는 관점이 딱 두 가지뿐이었다—먹을 수 있는 것과 먹을 수 없는 것. 어린 우리들은 진달래와 아카시아 꽃들을 마구 꺾어서 먹었다. 배고파서 그랬던 우리들의 모습은 이 시에 등장하는 흑소들과 하나로 겹치는 것은 아닐까? 눈의 아름다움보다 배고픔이 절실한 생명의 가치라는 생각을 되돌아보게 된다.

사발과 장미

"인연"이라는 말과 "관계"라는 말이 있다. 인연이라는 말 속에는 불교의 이치나 자연의 섭리로 이루어지는 뜻이 담겨 있다. 반면에 관계는 인간 중심의 관심이나 노력으로 만들어지는 경우가 많은 듯하다. 자연 속에서 이루어지는 거의 모든 현상은 인연처럼 보인다. 오직 자연과 인간의 어울림이나 인간끼리의 어울림이 인연을 벗어나 인위적인 관계로 맺어질 때가 많은 듯하다. 그 이유는 인간의 이기심이나 편견이 개입되기 때문일 것이다.

그렇다면 인연의 주체인 자연은 이기적인 관계를 확장하는 사업에만 골몰하는 인간을 어떻게 대해주어야 할까? 다음의 시편은 그런 인연이나 관계를 골똘히 생각해 보게 해주는 우화 같은 이야기를 풀어내고 있어서 주목해야만 한다.

이사 갈 때 데려가지 않아
돌담 옆에 남겨진 이 빠진 사발 하나
매일 밤 가슴에 별빛을 찰랑찰랑 담아
장미에게 바쳤습니다
장미는 모르는 척 빈 집만 바라보다
호젓한 어느 밤
이 빠진 사발을
꽃가슴으로 가만히 안아 주었습니다
이 빠진 사발과 장미의 만남을
흰 감꽃도 톡 톡 톡 내려와 축하를 했습니다
채송화 봉선화 부러움을 사며
햇볕과 뭉게구름을 나누어 갔던 오후
지나가던 할아버지 손에 끝내 들리어
이 빠진 사발은
장미와 헤어져서
삽살이 밥그릇이 되었습니다
깨갱 깨갱대는 소리에
손톱을 깎던 할아버지 얼른 가 보니
삽살이 코에 피 한 잎 묻어 있었습니다
그것은 이 빠진 사발 안에
장미 가시가 돋아나 있었기 때문이었습니다

—「사발과 장미」

“이사 갈 때 데려가지 않”는 존재가 남편이라는 우스갯소리가 있는데, “이 빠진 사발”이 그런 처지가 되어버렸다. 이가 빠져서 품어줄 만한 관계의 자격을 잃어버린 탓이다.

석성일 시인의 작품에서 등장하는 장미가 그런 이 빠진 사발을 처음부터 품어줄 리는 만무하다. 무엇보다도 중요한 사항은 이 빠진 사발이 처음부터 자연 속에 있던 것이 아니라는 점이다. 그건 인간의 손으로 만든 것이다. 자연의 입장에서는 낯선 대상인 셈이다.

그런데 그것이 자기를 만들어준 인간의 품에서 버려졌다. 그렇다면 자연의 존재인 장미는 어째서 이 빠진 사발을 품어주었을까? 자연의 품이 본래 그렇게 너그럽긴 하지만, 이런 관계 속에는 이 빠진 사발의 버려진 팔자가 만들어준 혜택이 도사리고 있다. 그 혜택이란 인공적인 쓸모가 약해지는 대신에 자연 속에서 살아갈 만한 존재감이 생겨나기 시작한 것을 가리킨다. 그래서 이 빠진 사발은 문명과 자연의 경계에 서 있게 되었다. 묘한 팔자인 셈이다.

그런데 이 빠진 사발의 묘한 팔자가 장미같이 까다로운 자연의 존재에게는 오히려 어울릴 만한 근거를 제공해 준 모양이다. 하지만 묘한 팔자는 끝까지 묘하기 마련인지라 이 빠진 사발은

"지나가던 할아버지" 손에 이끌려 "삽살이 밥그릇"으로 팔자가 다시 한번 뒤바뀌게 된다. 또 한 번 문명의 세계로 들어서게 된 셈이다.

그런데 그런 팔자가 저절로 만들어진 인연은 아니라서 그런지 뒤끝을 초래하니 바로 "삽살이 코에 피 한 잎" 만들어내는 고난을 견뎌내야만 하게 된다. 문명의 세계로 다시 들어가는 관계의 신고식을 치른 셈이다.

장미와 이 빠진 사발과 삽살개라는 존재들의 만남을 자연 속의 '인연'과 문명 세계의 '관계'라는 관점에서 '우화적'으로 풀어보니 자연과 인간의 관계가 손금 보듯이 떠오르는 효과도 생겨난 듯하다.

앞에서도 설명했듯이 자연에 존재하는 사물들끼리의 어울림은 인연으로 보인다. 저절로 만들어진 결과인 셈이다. 그런데 자연과 인간의 어울림은 인연으로 성립하기가 어려워 보인다. 인간이 자연에 대하여 무한정 품어주고 참아내는 자세를 요청하고 있기 때문이다. 자연이 아직은 인간과의 인연을 끊어내지 않고는 있지만 언제까지 너그럽게 품어달라고 요구할 수만은 없다는 사실을 인간은 언제나 깨닫고 반성하며 개과천선할 수 있을까? 부디 인간과 자연이 '천적 관계'가 되지 않기만을 바랄 뿐이다.

환한 걸레

우리나라에서 옛날부터 내려오는 설화 중에 "바리데기"라고 불리는 이야기가 있다. 바리공주라고도 하는데 여러 명의 작가와 시인들이 이 설화를 소재로 작품을 만들기도 했다. 설화의 내용은 오구대왕이 내버린 일곱 번째 공주가 죽을병에 걸린 부모를 살리기 위해 저승까지 찾아가는 이야기다. 바리공주는 저승에서 약수를 찾아와 부모의 목숨을 구해준다. 얼핏 보면 효심을 주제로 삼은 이야기로 읽힌다. 그런데 바리공주가 저승을 오가는 역할을 감당해서였을까, 바리데기를 무속이나 무당의 신이나 조상으로 섬기는 전통도 생겨났다.

김혜순 시인은 이런 바리데기 설화를 바탕으로 삼아서 『여성이 글을 쓴다는 것은』이라는 제목의 산문집을 써낸 바 있다. 제목이 말해주듯이 그 책은 페미니즘의 관점에서 작성되었다. 가부장 제도가 억압하고 상처를 입힌 여성의 역사적 운명이 바뀌면서 새로 태어나는 여성의 삶과 과정을 풀어내 보인 것이다. 김혜순 시인은 바리데기 설화를 시의 내용으로도 표현한 바 있는데 다음의 작품도 그런 사례에 속한다.

물동이 인 여자들의 가랑이 아래 눕고 싶다
저 아래 우물에서 동이 가득 물을 이고
언덕을 오르는 여자들의 가랑이 아래 눕고 싶다

땅 속에서 싱싱한 영양을 퍼올려
굵은 가지들 작은 줄기들 속으로 젖물을 퍼붓는
여자들 가득 품고 서 있는 저 나무
아래 누워 그 여자들 가랑이 만지고 싶다
짓이겨진 초록 비린내 후욱 풍긴다

가파른 계단을 다 올라
더 이상 올라갈 곳 없는
물동이들의 줄기 끝
위태로운 가지에 쏟아 부어진다
허공 중에 분홍색 꽃이 한꺼번에 핀다

분홍색 꽃나무 한 그루 허공을 닦는다
겨우내 텅 비었던 그곳이 몇 나절 찬찬히 닦인다
물동이 인 여자들이 치켜든
분홍색 대걸레가 환하다

—「환한 걸레」

이 작품에서 "대걸레"로 비유되고 있는 나무가 바로 바리데기인 여성의 운명을 떠올리게 해준다. 하찮고 누추하게 여겨질 법한 대걸레를 바리데기의 삶을 살아가는 여성의 모습과 겹쳐본 셈이다. 그런데 이 작품에 등장하는 걸레는 하찮거나 누추한 모습을 보여주지 않는다. 제목처럼 "환한" 모습이나 화려한 모습을 보여주고 있어서 이채롭다. 대걸레가 "허공 중에 분홍색 꽃이 한꺼번에 핀" 꽃나무의 형상을 가리키고 있기 때문이다. "겨우내 텅 비었던 그곳"이라고 밝혀주니 봄에 핀 꽃나무를 말하는 것일 테고, 따라서 매화나 벚꽃이나 진달래와 같은 것들을 표현하는 듯하다.

봄에 피어난 꽃나무를 표현하는 시의 내용 중에서 가장 돋보이는 대목은 뿌리로부터 줄기를 거쳐 가지로 이동하는 수액의 활동 상황이다. 그 상황을 시인은 "저 아래 우물에서 동이 가득 물을 이고/ 언덕을 오르는 여자들"이라고 사람의 모습으로 그려 보인다. 저 아래 우물은 나무의 뿌리를 말하는 것이며 동이 가득

물을 이고 언덕을 오르는 여자의 모습에 나뭇가지를 타고 오르는 수액의 활동을 비유한 것이다. 봄을 맞이하여 생명력이 약동하는 나무의 존재감이 여자의 생활이나 노동으로 실감 나게 표현된 셈이다.

동서양을 막론하고 여성은 땅이나 자연의 생명력을 대표하는 존재로 신화 속에 등장하였다. 남성이 갖지 못한 생명 잉태와 출산의 능력을 여성이 간직하고 있기 때문이다. 이런 여성의 고유한 능력을 남성들은 숭배하고 찬양하기보다 두려워하고 금기시했던 듯하다. 남성이 주도권을 장악한 가부장 제도나 질서가 위협을 받을 수 있다고 판단했기 때문일 것이다. 여성의 생명력을 상징하는 자궁을 어원으로 삼는 히스테리가 정신장애 증상을 뜻하는 낱말로 사용된 것도 그러한 두려움이나 편견의 소산일 것이다. 어쩌면 지체 높은 공주가 바리데기로 전락하게 되는 상황도 이런 여성의 운명과 무관하지 않을 법하다.

김혜순 시인은 그러한 여성의 운명을 뒤집어 버리는 페미니즘의 가치관을 한겨울의 추위를 이겨내는 봄꽃의 역동적인 생명현상으로 절실하게 그려내는 데 성공하고 있다. 예로부터 자궁은 식물의 꽃에 비유되어 오기도 했다. 자궁의 생명 작용으로 나무의 꽃이 피어나니 여성의 자궁은 자연의 뿌리요 꽃인 셈이다. 일찍이 바리데기나 걸레로 여겨졌던 여성의 자궁이나 생명력이 겨울의 고난을 극복하고 찬란한 봄의 꽃으로 피어나는 역설을 김혜순 시인은 페미니즘의 진실한 가치로 표현해 보이는 것이다. 봄꽃으로 피어난 대걸레의 형상은 진흙 속에서 피어나는 연꽃을 연상시키기도 한다. 그것들은 고통이나 더러움을 피하지 않고 끌어안으면서 극복해 내는 자연의 이치와 생명력을 육화한다. 그러한 자연의 이치와 생명력이야말로 진정한 페미니즘의 가치를 구현하는 방법일 것이다.

늙은 소나무

내가 사는 도봉구 방학3동 신동아 아파트 부근에는 태어난 지 오백 년이 훨씬 넘는 은행나무가 한 그루 살고 있다. 키는 24미터에 가슴둘레는 10여 미터에 이르는 거목이다. 은행나무는 암수가 구분되는데, 이 은행나무는 수나무라서 은행이 열리지 않는다. 1987년에 방학동으로 이사 왔을 때 아파트 단지에는 몇 동이 들어서지 않아서 주변은 논밭 천지였으며 밤이면 그곳에서 들려오는 개구리 울음소리가 하도 요란해서 잠을 이루기가 수월하지 않을 정도였다. 은행나무가 있는 자리는 내가 살던 아파트와 꽤 떨어진 시골 동네 분위기를 간직한 지역이어서 저녁이면 가끔 그곳으로 산책하러 나갔으며, 어쩌다 동네로 글 쓰는 친구들이 찾아오면 은행나무 근처의 구멍가게에서 막걸리를 나누기도 했었다. 그때 저녁노을을 배경으로 삼은 은행나무의 실루엣

이 논밭에서 허리를 펴는 시골 아낙들의 모습과 은행나무 주위를 깔깔거리면서 뛰노는 아이들의 몸짓을 감싸고 있는 것 같은 느낌을 받기도 했었다.

그런데 1990년대로 접어들면서 은행나무의 존립이 위태로워지는 상황이 도래하였다. 은행나무 부근에도 주택단지가 조성되면서 그 나무가 베일 운명에 처하게 된 것이다. 그 나무와 짝을 이루었던 암나무는 이미 베어진 상태였다. 어느 날부터 언론에 방학동 은행나무에 관한 기사가 보도되기 시작했는데 환경운동에 참여하는 시민들이 은행나무를 지키기 위하여 텐트까지 쳐놓은 채 주야로 농성에 참여하고 있다는 것이었다. 외국인까지 참여한 은행나무 지킴이 운동에 서울시와 도봉구청이 관여하면서 마침내 방학동 은행나무는 목숨을 부지하게 되었다. 놀라운 조치는 도봉구청에서 은행나무 생육에 지장을 초래하는 빌라 한 동을 매입하여 헐어버린 사실이었다. 나무 주변에 제법 너른 땅이 확보되었으며 함부로 접근할 수 없도록 울타리가 둘러 처지고 위태롭게 매달린 가지에는 철봉 지지대가 세워졌으며 손상된 몸체는 도려낸 후 인공 몸체를 이식하고 수액까지 넣어주는, 그야말로 획기적이면서 세심한 보호조치가 마련되고 실시되었다. 그 후로 방학동 은행나무는 2013년에 서울시 기념물 제33호로 지정되었으며 원당 마을과 방학동 주민들의 관심과 사랑을 받으며 자연환경 보호의 성공적인 사례로 평가받고 있다.

김광규의 「늙은 소나무」라는 작품에는 방학동 은행나무와는 다른 존재의 조건이 제시되어 있어서 눈길을 사로잡는다.

새마을 회관 앞마당에서
자연보호를 받고 있는
늙은 소나무
시원한 그림자 드리우고
바람의 몸짓 보여주며
백여 년을 변함없이 너는
그 자리에 서 있었다
송진마저 말라버린 몸통을 보면
뿌리가 아플 때도 되었는데
너의 고달픔 짐작도 못하고 회원들은
시멘트로 밑동을 싸바르고
주사까지 놓으면서
그냥 서 있으라고 한다
아무리 바람직하지 못하다 해도
늙음은 가장 자연스러운 일
오래간만에 털썩 주저앉아 너도
한번 쉬고 싶을 것이다

… (중략) …

백여 년 동안 뜨고 있던
푸른 눈을 감으며
끝내 서서 잠드는구나
가지마다 붉게 시드는
늙은 소나무

김광규 시인의 작품에 등장하는 늙은 소나무도 자연보호를 받고 있다. 하지만 방학동 은행나무와 비교해 보면 보호를 받는 수준과 방법이 다르다. 수액 주사를 받는 치료법은 다를 바가 없으나 결정적인 점에서 차이를 보여주는 보호 방법이 제시되어 있다. "시멘트로 밑동을 싸바"른 처리법이 바로 그것이다. 시멘트 밑동은 현대문명의 획일적이며 간편한 처리법을 대표하면서 자연을 홀대하거나 훼손하는 부작용을 초래하는 것으로 여겨진다.

그런데 김광규 시인은 자연보호의 명분을 뒷받침하는 보다 근원적인 문제점을 지적하고 있다. "송진마저 말라가는 몸통"이 자연의 수명을 다해가는 소나무의 상태를 밝혀주고 있는데도 나무의 수명을 늘리려는 인간의 태도가 보여주는 문제점이다. 소나무의 수명을 늘리려는 인간의 태도는 인간의 수명을 늘리려는 마음가짐을 옮겨놓은 것으로 보인다. 어떻게 해서든지 오래 살아남고 싶은 인간의 욕망이 온갖 보약을 복용하게 만들고 유전자 변형과 개발을 초래하기 때문이다. 그런 태도가 인간의 삶뿐만 아니라 자연환경에 얼마나 크나큰 부작용을 초래하고 있는지를 인류는 인지하거나 확인한 바 있다. 하지만 인지하거나 확인했으면서도 모른 척하거나 외면해 버린 것이 오늘의 현실이다.

이 시편에는 "아무리 바람직하지 못하다 해도/늙음은 가장 자연스러운 일"이라는 생명의 질서와 원리가 제시되어 있다. 생명체의 아름다움은 생명을 유지하는 데에만 있는 것이 아니다. 생명체의 절실한 아름다움은 태어나서 자라고 늙어서 소멸하는 변화의 과정에서만 성립하는 것이다. 한낮의 밝음보다 석양의 노을이 아름답게 느껴지는 이치 속에는 어둠의 세계가 도사리고 있는 법이다.

시인들은 항상 이별을 껴안는 사랑의 모습을 노래해 왔다. 이러한 자연의 이치와 시인의 노래는 생명체에 대한 인간 중심의 생각과 느낌을 떨쳐내라고 손짓한다. 본래부터 잘 자라고 있던 은행나무를 베거나 위협하는 태도도 잘못이지만, 자연의 수명을 다해가는 소나무를 억지로 살려내려는 입장도 마땅해 보이지 않는다. 죽음과 소멸의 고요함을 끌어안는 모습 속에서 인간을 포함한 모든 자연의 존재는 아름답고도 진실해 보이는 법이다. 현대를 살아가는 우리에게 나무들은 인간 중심의 목숨 지키기에 대한 욕망을 버리라고 충고해 주는 듯하다.

밤 개펄

우리나라 여름 축제를 대표하는 행사 중에 충남 보령시에서 주최하는 "보령 머드 축제"가 있다. 7월 중순부터 8월 초까지 열리는 행사는 축제 명칭에 어울리도록 온몸에 진흙을 바르고 참여하는 행사가 대표적인데, 참여율도 높아서 이제는 전 세계적으로 홍보가 된 성과 덕택에 해마다 100여만 명을 넘나드는 인파가 참여하는 국제적인 행사가 되었다.

개펄에서 열리며 개펄에서 채취하는 진흙을 활용하는 행사의 특징은 우리 정부가 드넓은 서해안과 남해안의 개펄에 대하여 보여주었던 태도와 정책의 전격적인 변화를 보여준다. 1960년대 이래로 우리나라 정부 기관은 드넓은 개펄을 쓸모없는 땅으로 간주해 왔으며 방조제를 만들어서 개펄을 농지나 산업부지, 또는 관광시설 건립을 위한 부지로 활용하는 정책을 일관되게 시행하였으며 그런 정책의 마지막 결정체가 바로 "새만금 간척사업"이었다.

서해안 간척사업은 자연을 바라보는 인간의 협소하며 근시안적인 가치관과 안목을 여실하게 입증하였다. 서해안 생태계는 철저하게 파괴되었으며 간척사업의 실패를 뒤늦게 깨달은 역대 정부는 파괴된 개펄 생태계를 복원하는 데 천문학적인 예산을 투입해야만 했다. 파괴하기는 쉬워도 복원하기는 어려워서 여전히 너른 서해안 개펄 지역에는 황폐해진 자연의 생태계가 시름을 앓고 있는 형편에 있다.

서해안 개펄 지역은 우리 국민에게 근원적인 발상의 전환을 요청하고 있다. 그 전환은 개펄에 대한 인간의 소유권을 포기하는 것이며, 개펄이 인간의 서식처라는 관점을 포기하는 것이기도 하다. 개펄에는 이미 수많은 생태계의 동식물 거주민들이 빼곡하게 서식하고 있어서 인간은 그곳에 그저 방문객이나 손님으로 찾아드는 태도를 견지해야만 하는 것이다. 개펄의 그런 서식환경을 황학주 시인이 써낸 다음의 시편은 생생하게 묘사해 보인다.

> 손전등 불빛에
> 조만조만한 눈두덩들이
> 켜진다

아주 오래전에 흘러온 구멍도
하나, 아기처럼
숨을 삼키고 있다

야삼경 개펄에
세상 참 바둑하다

갯완두꽃 앞으로
어지럽도록 뿌려진 구멍들
간격이 맞는다
백로 울음소리까지 폭삭 익어 들어있다

농게, 갯지렁이, 물떼새의 길 복판에 지은
인간의 집을 설명하려니
농게, 갯지렁이, 물떼새 말고도
다들 안 끼워주려는 눈치이다
이런 미혹이 처음인 양
나 구멍에 입을 꽂는다

개펄 가문에 입적한 구멍의 하나로

생각하고 싶어지는 밤

—「밤 개펄」

개펄을 새로운 마음가짐과 시선으로 주목하는 황학주 시인의 자세는 낮이 아니라 밤 시각에 찾아보는 행위로 입증될 수가 있다. 누구나 낮 시간대에 평상심으로 찾아와 들여다보고 접촉하는 개펄이라면 인간의 소유권이나 서식처라는 고정관념을 확인하기가 수월할 것이다. 그때의 개펄이라면 인간이 경제적으로 이용하고 취미생활을 즐길만한 유휴지로 여겨질 법한 것이다.

그런데 밤 개펄은 낮 개펄과는 다른 존재감으로 시인에게 다가온다. 시인 스스로 새로운 밤 개펄의 존재감을 세심하게 확인하려는 듯 "손전등 불빛"으로 개펄을 비추어보면서 "조만조만한 눈두덩"이라는 개펄의 새로운 존재감을 발견하게 된다. 작은 생명체들의 존재 근거를 입증해 보이는 개펄의 작은 구멍을 '눈두덩'으로 받아들이는 태도는 개펄이 생명체의 활동 공간이라는 깨달음을 적극적으로 표현하는 것이다.

그런 밤 개펄의 공간에서 인간의 존재감은 낯설고 이질적인 모습으로 각인된다. "농게, 갯지렁이, 물떼새 말고도/다들 안 끼워주려는 눈치이다"라는 표현이 그렇게 낯설고 이질적인 인간의 존재감을 입증해 주고 있다. 이런 존재감은 인간 스스로 잘못 생각하고 저지른 행위가 초래했을 것이다. 개펄의 침입자이며 가

해자로 살아온 인간의 삶이 감당해야만 하는 자연의 '눈치'인 셈이다.

그런 자연의 눈치를 알아채고 반성하는 증표로 황학주 시인이 밤 개펄에 보여주는 "이런 미혹이 처음인 양/나 구멍에 입을 꽂는다"라는 행위를 우리가 스스럼없이 감내할 수 있을까? 인간의 소유권과 무관하며 자연생태계의 보고인 개펄의 싱싱한 생명력에 감화되어서 엄마 품에 겸손하게 안기듯이 개펄과 입맞춤할 수 있을까?

별의 청춘

"천지인(天地人)"이라는 낱말이 있다. 일찍이 동양철학에서 만물을 구성하는 요소이면서 만물이 운행하는 이치의 근본으로도 삼는 '하늘과 땅과 사람'을 결합하여 일컫는 낱말이다. 우리가 사용하는 한글의 모음 모양과 운용 원리도 바로 천지인에서 유래되었다.

그런데 천지인 중에서도 땅과 사람의 관계를 더 직접적이며 긴밀한 관계로 간주할 수도 있다. 무엇보다도 사람이 땅 위에 두 발을 딛고 서 있는 모습으로 살아가는 운명을 간직하고 있기 때문일 것이다. 인간이 땅에 대한 집착에서 벗어나지 못하는 이유도 그런 운명에서 비롯되었을 법하다.

인류의 역사 이래 국가와 같은 집단의 경우에는 영토를 확장하고, 개인의 경우에는 집이나 경작지 면적을 늘리는 일을 인생의 가장 가치 있는 목표로 추구해 왔다. 우리나라는 국토의 70퍼센트가 산악지역이라서 그런지 바다를 가로막으면서까지 토지를 개발하는 일에 주력해 왔다. 이러한 모든 노력은 자연으로서의 대지를 인간의 소유권으로 구속하려는 욕망에서 비롯되었을 것이다. 그런데 이러한 욕망은 자연과 인간이 누려야 할 본래의 관계를 역전시키고 있다는 점에서 많은 부작용을 초래하고 있기도 하다. 고진하 시인은 그런 관계를 성찰하는 시편을 발표한 바 있다.

> 지금 내가 머무는 곳이 땅이거늘
> 걸음걸음 내딛는 곳
> 머리 대고 눕는 곳이 땅이거늘
> 무슨 땅을 찾아 온 산천을 헤매고 다니나
> 집 한 칸 앉힐 땅
> 몸 한 채 눕힐 땅
> 인간이 땅에 속한 것이거늘
> 땅이 인간에 속한 것인 양
> 저 거들먹거리는, 부동산이라던가
> 움직이지 않는 재산이 있기는 있는가
> 겨울잠에 갇힌 영혼처럼
> 움직이지 않는 보화가 있기는 있는가

지난 봄 새끼를 깐 뒤
둥지를 버리고 간 자유로운 저 날갯짓을
보금자리로 할 수는 없는 건가
땅을 숭배하지 않고
재를 숭배하던 힌두 수행자처럼
재를 온통 알몸에 발라
공(空)을 존재의 터로 삼던
오래된 별의 청춘이 될 수는 없는 건가
꽃의 화석을 품은 돌처럼
더 많은 금화를 얹어줘야
대지는 가슴을 열어줄 것인가
온종일 산천을 싸돌아다니다 지쳐서 돌아온
저녁, 신발에 묻은 흙을 털며
별 하나 뜨지 않는
캄캄한 밤하늘, 청춘의 공(空)을 본다
거듭 흔들리는 터전,
푸른 지진으로 땅이 흔들릴 때마다
먼지의 집 한 채 세우리
전율의 방 한 칸 들이리

—「별의 청춘」

고진하 시인은 먼저 "인간이 땅에 속한 것이거늘/땅이 인간에 속한 것인 양/저 거들먹거리는, 부동산이라던가"라는 자각을 일깨우는 일로 땅과 인간의 바른 관계를 환기해 준다. 중요한 점은 "부동산"이라는 낱말을 거론한 사실이다. 부동산이라니, 과연 "움직이지 않는 재산이 있기는 있는가"하고 던져보는 물음이 그런 사실의 문제점을 부각해 준다.

몇 년 전부터 부동산 가치가 폭락해서 다들 난리다. 재산으로서의 가치가 돈보다도 든든하고 요지부동이라고 철석같이 믿었던 부동산 가격이 너무 하락했기 때문에 국가 경제에도 엄청난 부담을 안겨주고 있다는 지적까지 제기된 바 있다.

그런데 이런 부담이라면 더욱 무겁게 감당해야만 할 듯하다. 무엇보다도 부동산으로 재산을 늘리려고 하는 사람들의 마음이 바뀌기 전까지는 말이다. 고진하 시인은 땅을 대하는 사람들의 마음가짐을 변화시키기 위하여 "둥지를 버리고 간 자유로운 날갯짓을/보금자리로 할 수는 없는가"라고 제안해본다.

우리의 집을 짓고 우리의 생활을 영위해 나가는 터전으로서의 땅이 차지하는 가치는 두말할 나위도 없이 소중하다. 하지만 그것은 나의 영원한 소유물은 아니다. 우리는 우리 집은 물론이거니와 우리가 묻히는 무덤의 크기조차도 제한을 받게 될 운명에 처해 있다. 때맞춰 매장보다 납골당이 대세가 되어가고 있다. 납골당의 크기는 새의 둥지만 할 것이다. 인간이 사후에 차지할 수 있는 겨우 그 정도의 크기도 새들은 거주 공간으로 집착하지 않는다. 그러니 "둥지를 버리고 간 자유로운 날갯짓"으로 사람들도 살아가는 공간에 대한 집착을 버렸다면 '새만금 간척사업'이나 '4대강 개발사업' 같은 일들이 벌어졌을 리도 없다.

이제라도 늦지 않았다. 시인이 권유하는 "재를 숭배하던 힌두 수행자"의 태도를 마음에 새겨볼 필요가 있다. 재는 흙으로 만들어진다. 신화에 따르면 인간도 흙으로 만들어진 존재이다. 신이 인간을 만들고 그의 숨결을 인간의 영혼 속에 불어넣으면서 인간의 삶이 시작되었다고 한다. 따라서 인간의 몸은 죽은 후에 재의 고향인 땅으로 돌아가게 마련이다.

땅으로 돌아간 재는 새로운 생명을 만들어내는 거름으로 봉사한다. 인간의 몸도 그렇게 자연의 생명을 위한 봉사의 존재로 태어난 것이다. 여름마다 충청남도 보령에서는 '머드 축제'가 개최된다. 온몸에 진흙을 바르는 일이 건강에도 좋고 즐거운 놀이가 되어서 국제적으로 유명한 행사가 되었다고 한다. "재를 숭배하던 힌두 수행자처럼/재를 온몸에" 바르는 행위로 땅과 인간의 관계, 그리고 삶과 죽음의 관계를 다시 생각해 보면 어떨까.

달팽이

“경제개발 5개년 계획”이라는 정책을 목숨 걸고 밀어붙였던 1970년대의 박정의 대통령 시절부터 정부 관료들이나 기업가들이 국민에게 가장 중요한 성과로 내세우고 싶어 하는 것이 있었다. 그것은 바로 ‘최대’나 ‘최고’의 규모를 자랑하는 건물이나 산업시설을 건축하는 일이었다. 세계 최고가 되지 못하면 아시아 최고라도 달성하고 싶은 욕망을 그들은 노골적으로 과시했다. 게다가 크기뿐만 아니라 그것이 만들어지는 속도도 ‘가장 빠르기’를 그들은 촉구했다. ‘크고 빠르게’ 성과를 만들어내는 일은 독재체제나 공산주의 체제가 홍보하는 국가 발전의 잣대였다. 크고 빠른 건설 계획에 집착하는 정부의 방침은 수십 년의 세월이 흐른 지금도 별로 달라지지 않은 듯하다. ‘새만금 간척사업’과 ‘4대강 개발사업’이 뼈아픈 증거물이다.

어디 크고 빠른 건설사업뿐이겠는가. 정부와 기업이 합심해서 추진해 온 '크고 빠르게' 원칙이 이제는 대부분의 국민 생활과 마음속까지 파고들어서 많은 국민이 성과와 경쟁의 압박감에 시달리고 있으며 자연생태계도 큰 몸살을 앓고 있는 형편이다. 그런 압박감과 몸살의 재난 속에서 다음의 시편에 등장하는 '달팽이'의 삶을 살펴보고 싶어진다.

여기, 작고도 둥근 집이 있다
먼 어제와 오래된 미래의 유적이 함께 새겨진 달팽이의 회선, 그것
소용돌이다
회오리다
파도와 바람이 다 들어 있다

그러니까 바다 밖에서도 파도소리가 들리는 것은
파도를 안으로 돌돌 말아 감은 달팽이가 귀 안에 살고 있는 까닭이다

꽃의 자태를 둥글게 몰아간 물의 소용돌이가 지금은 달팽이에게로 와 멈췄다
사랑을 꽃으로 밀고 가지 못한 바람의 회오리가 오늘은 달팽이

에게로 와 평안히 풀린다
불이 바람을 붙안고 휘돈 회오리 한 복판을 살아서 걸어 나온 것들이
이제 휴식의 집에 몸 붙여 살고 있다
느림의 서정으로 촉촉해진 안식의 집이 고요하다

그러므로 집 밖으로 내민 달팽이의 촉수에는 이파리에 길을 연 꽃의 기억이 담겨 있다
달팽이의 물큰한 살에 꽃물이 담겨 있다
그러나 몸 밖은 길이어서 이파리에서 이파리로 가는 초록 길에 다롱거리는 물방울,
물방울 속에서 허무의 예감으로 떨고 있는 눈물방울을
느릿느릿 맨몸으로 떠밀고 가는 달팽이의 물결치는 보법
꽃과 눈물에서 온 물을 삶의 순후한 접착제로 바꾼
달팽이의 복족(腹足)에서는 끈끈한 점액이 솟는다

회오리, 혹은 소용돌이의 흔적으로 파인 몸의 굴곡으로 하여
달팽이가 지난간 길이 깨끗하다
오물을 쓸고 간 달팽이의 몸이 정결하다

— 김길나, 「달팽이」

달팽이는 '크고 빠르게'에 치중하는 개발사업과 반대의 삶을 살아가는 소중한 상징이다. "여기, 작고도 둥근 집이 있다." 달팽이가 지은 '둥근' 집은 빠른 속도가 쓸모없다는 사실을 잘 가르쳐준다. 빠른 속도를 내기 위해서는 지름길로 달려야 한다. 지름길은 항상 직선이다.

그런데 둥근 집이 보여주는 "먼 어제와 오래된 미래의 유적이 함께 새겨진 달팽이의 회선"은 곡선으로 느리게 살아가는 몸짓의 이치를 일깨운다. 암모나이트화석을 본 적이 있는가. 달팽이 모양을 닮은 수천만 년 전의 조개 화석은 느리게 살아가는 삶의 지혜를 우리에게 일러준다.

달팽이나 고둥 껍질에 귀를 대고 파도 소리를 들어본 적이 있는가. 그 자연의 소리는 곡선의 삶으로만 기약할 수 있는 것이다. 달팽이 속에서 파도 소리를 듣는 우리 귓속에도 '달팽이관'이 들어있기 때문이다.

둥근 것들은 달팽이뿐만이 아니다. 꽃도 둥글고 해도 둥글고 달도 둥글다. 그래서 이렇게 말해볼 수도 있다. "꽃의 자태를 둥글게 몰아간 물의 소용돌이가 지금은 달팽이에게로 와 멈췄다"라고.

꽃의 둥근 모양을 만든 것은 자연의 생명력이다. 물의 소용돌이도 자연의 생명력을 상징한다. 그것이 달팽이 속으로 들어와 파도 소리를 내는 것이다. 그러니까 달팽이가 들려주는 파도 소리는 결국 자연의 생명력을 우리의 귓전에 일깨우는 것이다. '천천히 살아라, 쉬면서 살아라' 하고.

우리는 달팽이 집을 보면서 "이제 휴식의 집에 몸 붙여 살고 있다"는 느낌을 받게 된다. 그런데 달팽이에게 어찌 둥근 집만 있겠는가. "느릿느릿 맨몸으로 떠밀고 가는 달팽이의 물결치는 보법"이야말로 빠른 속도에만 집착하는 우리의 삶을 반성하도록 만들어준다.

하지만 무엇보다도 절실한 달팽이의 비밀은 "맨몸으로 떠밀고 가는" 달팽이의 발걸음이다. 달팽이는 천천히도 가지만 맨몸으로도 가는 것이다. 상처 입기 쉬운 맨몸으로 가면서, 그 맨몸으로 달팽이는 자연을 정화하는 역할까지 감당하고 있다. "달팽이가 지나간 길이 깨끗하다/오물을 쓸고 간 달팽이의 몸이 정결하다"라는 것이다.

이런 달팽이의 집과 몸을 우리는 올봄부터 여름까지 자주 볼 수 있었으면 좋겠다. 그것을 우리 삶의 스승으로 섬기는 마음을 품고.

삶아, 죽음은 살아 있어야 한다

우리는 매일 죽는 체험을 반복하며 죽음을 예비하는 삶을 살아가고 있다. 우리는 매일 잠을 자면서 짧은 죽음의 체험을 반복한다. 평균 27세를 넘은 사람들은 하루에 죽어 나가는 몸의 세포 숫자가 새로 태어나는 세포 숫자보다 많다고 한다. 이러한 모든 체험의 이치는 죽음의 존재를 직시하고 인정하는 삶의 일상을 살아가라는 깨우침을 일깨워 준다. 우리는 모두 잘사는 삶에 관심이 많다. "힐링(치유)"이라는 말도 그래서 사람들의 마음을 사로잡는 듯하다. 그렇다면 어떻게 사는 삶이 잘사는 삶일까? 장수하는 삶에 대한 욕망을 누구나 기본적으로 품고 있지만 오래 사는 삶이 잘 사는 삶이 아니라는 사실을 우리는 모두 인정하고 있다.

수백 년 동안 죽지 않고 살아야 하는 뱀파이어의 고독을 다룬 영화를 본 적이 있다. 병이 들어도 죽지 않고 교통사고로 뇌를 다치고 내장이 터져 나오는 고통을 겪으면서도 죽을 수 없는 불멸 시대의 절망을 풍자한 시를 읽었던 적도 있다. 장자는 죽음을 "매달린 데에서 풀어주는 것"이며 "삶을 혹이 달려있는 것으로 여기고, 죽음을 종기를 터뜨리는 것으로 여기는 사람"을 참다운 깨달음에 이른 "진인(眞人)"으로 평가하기도 했다. 이런 모든 이야기와 가르침들은 우리에게 죽음을 색다른 시각에서 바라볼 것을 요청한다. 다음의 시편도 삶과 죽음의 관계를 그런 관점에서 노래하고 있다.

죽음이 살아 있지 못해서
삶이 이 지경이다
죽음이 죽음과 함께 죽어버려서
살아있음이 이토록 새카맣다
삶의 정면이 이토록 캄캄하다

죽음아 죽음들아
홀로 죽어간 죽음들아
홀로 죽어서 삶을 모두 가져간 죽음들아
삶을 되돌려주지 않는 죽음들아
뒤도 돌아보지 않는 죽음들아

죽음은 살아 있어야 한다
죽음이 삶 곁에 살아있어야 한다
죽음이 생생하게 살아 있어야
삶이 팽팽해진다
죽음이 수시로 말을 걸어와야
살아있음이 온전해진다

죽음을 살려내야 한다
그래야 삶이 살 수 있다
그래야 삶이 삶다워질 수 있다
그래야 삶이 제대로 죽을 수 있다

죽음을 살려내야 한다
죽음을 삶 곁으로
삶의 안쪽으로 모셔 와야 한다

—「삶아, 죽음은 살아 있어야 한다」

"죽음이 살아 있어야 한다"는 이문재 시인의 외침은 죽음의 존재를 회피하지 말거나 잊어버리지 말라는 뜻을 일깨운다. 우리는 모두 죽음을 두려워한다. 죽음을 두려워하지 않을 수 있는 가장 어리석은 방법은 죽음을 회피하거나 잊어버리는 것이다. 그런데 죽음은 사실상 동전의 양면처럼 삶의 다른 모습이며 삶의 곁에 존재할 수밖에 없다.

죽음의 존재를 기억하고 인정하는 생활의 자세는 자연의 존재성을 숙고하고 인정하는 자세와도 일치하는 것처럼 보인다. 자연은 삶과 죽음의 바른 관계를 자연의 순환 이치로 우리에게 일깨우고 있기 때문이다. "죽음을 살려내야 한다"는 주장은 삶이 죽음으로 끝나는 것이 아니라 삶이 죽음으로 순환하는 것이라는 이치를 환기해 주는 것이다. 자연은 삶을 죽음의 상태에만 머무르게 하지는 않는다는 사실, 삶을 죽음으로부터 다시 새로운 삶으로 태어나게 만든다는 사실을 순환의 이치로 일깨우는 것이다. 오직 인간만이 죽음을 소멸과 정지의 상태로 확정하여 그것을 회피하려는 어리석음을 고집하고 있다. "죽을힘으로 살라"는 말, 이 말의 참뜻을 다시 새겨볼 때가 되었다.

고니의 시작

내가 어린 시절에는 책이 귀해서 집에 읽을 게 별로 없었다. 초등학교에 입학하기 직전에 한글을 배웠으나 집에 동화책도 없던 터라 내가 읽을 수 있는 책이라곤 초등학교 3학년인 작은누나의 '국어'와 '도덕' 교과서가 전부였다. 그러다 보니 두 책을 반복해서 읽다가 거의 외울 지경이 되어버리기도 했다. 읽는 것도 귀한 터이니 하물며 글을 써 책을 펴내는 일은 아무나 함부로 할 수 없는 경이로운 업적이었다. 조선 시대 양반 가문에서는 가문이 배출한 식견이 높은 조상의 문집을 펴내려면 가문 전체에서 회의를 열어 가부를 결정하고 책을 낼 경비를 마련하기 위하여 오랜 기간 준비를 해야만 했다고 한다. 그에 반해 요즘에는 읽을거리가 넘쳐날 뿐만 아니라 누구나 쉽게 책을 펴낼 수 있게 되었다.

하지만 반대로 책을 읽는 사람들의 숫자는 점점 줄어들고 있으며 문을 닫는 서점 숫자도 점점 늘어나고 있다. 출판사에서 서점에 넘긴 많은 책이 팔리지 않은 채 출판사로 반품되고 그 책들의 대부분은 폐지로 처리되어 버린다. 결국 그 책을 만들기 위해 숲에서 베어진 수많은 나무가 헛되이 생명을 마감하고 버려진 꼴이 되어버린 셈이다. 나무들의 목숨을 생각하면 차라리 책 대신에 컴퓨터나 스마트폰 화면에 제공되는 전자책으로 독서하는 것이 낫지 않나 그런 생각까지 해보게 된다.

고니떼가 강을 거슬러오르고 있다
그 꽁무니에 물결이 여럿 올올이
고니떼를 따라가고 있다
가만, 물결이 따라가고 있는 게 아니다
강 위쪽에서 아래쪽까지 팽팽하게 당겨진
수면의 검은 화선지 위에
고니떼가 붓으로 뭔가를 쓰고 있는 것,
붓을 들어 뭔가를 쓰고 있지만
웬일인지 썼다가 고요히 지워버리고
또 몇 문장 썼다가는 지우고 있는 것이다
저 문장은 구차한 형식도 뭣도 없으니
대저 만필(漫筆)이라 해야 할 듯,

애써 무릎 꿇고 먹을 갈지 않고
손가락 끝에 먹물 한점 묻히지 않는
평생을 쓰고 또 써도 죽을 때까지
얇은 서책 한 권 내지 않는 저 고니떼,
이 먼 남쪽 만경강 하구까지 날아와서
물 위에 뜻모를 글자를 적는 심사를
나는 사사해야 하지 않겠는가?

—「고니의 시작」

안도현 시인은 고니떼가 헤엄치며 발짓으로 강물에 일으키는 물결을 바라보며 "붓으로 뭔가를 쓰고 있는 것"이라고 생각해 본다. 고니떼의 발동작이 '붓질'에 해당하는 셈이다. 그런 생각도 재미있지만, 정말 중요한 생각은 "웬일인지 썼다가 고요히 지워버리고/또 몇 문장 썼다가 지우고 있는" 동작의 이치를 찾아낸 점에 있다. 그 이치가 삶의 흔적을 남기는 일에 집착하여 가문의 족보를 펴내고 역사를 기록해 놓는 인간의 태도와 대비되는 삶의 자세를 일깨우고 있기 때문이다. 무언가 기록하여 흔적을 남기려는 욕망은 아마도 근본적으로는 죽음과 소멸에 대한 불안에서 비롯되었을 것이다. 산의 절벽이나 계곡 바위에 흉하게 새겨진 사람들의 이름이야말로 그러한 불안의 증거물이다. 고니떼의 붓질은 지상에 삶의 흔적을 남기려는 욕망의 부질없음을 일깨우고 소멸에 대한 불안을 잠재우는 몸짓으로서의 상징성을 갖는다. “죽을 때까지/얇은 서책 한 권 내지 않”고 “허공에도 울음을 적는” 고니떼의 허허로운 몸짓을 시인이 배우려는 까닭도 바로 그 점에 있다. 그러한 배움은 단지 시 쓰기의 자세에 머물지 않고 텅 빔을 인정하는 삶의 자세까지 포함하게 되는 것이다.

전망 - 어머니 학교 11

자연과 문명의 경계를 정하기가 점점 어려운 시대가 되어가고 있다. 우리나라 산자락을 끼고 있는 농촌에 멧돼지를 비롯한 산짐승들이 출몰하여 농작물을 훼손할 뿐만 아니라 사람까지 다치게 하는 사건들이 자주 발생하고 있는 것이 대표적인 사례일 것이다.

내가 자주 산책길에 나서는 북한산 둘레길에는 언제부터인가 철조망을 둘러친 곳이 많아졌다. 그 철조망은 대부분 멧돼지가 인가로 접근하는 것을 차단하기 위하여 설치되었다. 철조망 부근에는 야생동물을 포획하기 위해 사람도 들어갈 만큼 커다란 사각형 틀이 놓여있는 곳도 있다. 그 틀이 내게는 야생동물보다 인간을 경계하고 위협하는 장치로 여겨지기도 한다. 그 위협은 마치 어느 날인가는 우리가 그런 덫에 갇혀버리고 말 것이라는 상황을 경고하는 듯하다. 우리 인간이 문명의 영역을 너무 확장해 버려서 자연을 훼손해 버린 결과 인간은 더 이상 머무를 곳을 잃어버리고 옴짝달싹할 수 없이 갇혀버린 존재가 되어버릴 수 있다는 경고 말이다.

그런 경고를 공간의 넓이가 아니라 높이의 측면에서 다루어 보려는 참신한 시도를 감행하는 작품이 있어서 소개해 보려고 한다.

새들이 이제 사람도
팡개질도 무서워 안 해,
둥지가 자꾸 낮아지더구나.
먹을 게 지천인데 누가 새 잡겄냐?
허수아비 대신 마네킹을 세놔도 허사여.
밭두둑에 수건 벗어놨는데 까치가 쪼아대더구나.
어미 까치지 싶어 그냥 놔두고 왔다.
낮은 층에 살면 밖에서 들여다본다고 싫어하던데
사람은 사람에게 비춰보며 살아야 해.
들여다보면 좀 어떠냐? 제집에서 뭔 나쁜 짓을 그리 많이 한다고.
로열층이 어떻고 경치가 어떻고 으스대지만
전망도 한두 번이면 텔레비전만도 못한 거여.
사람만큼 좋은 전망이 어디 있겄냐?
새는 눈이 없어서 낮은 곳에 둥지를 틀겄냐?

진짜 전망은 둥지에서 내다보는 게 아니고
있는 힘 다해, 날개 쳐 올라가서 보는 거여.

—「전망-어머니 학교 11」

이 작품에서는 경고의 사례를 새 둥지와 사람 집 높이에서 찾아내고 있다. 새 둥지 높이가 자꾸 낮아지는 경향과 반대로 사람 집 높이가 자꾸 높아지는 경향에 대하여 시인의 시선은 사뭇 날카롭기만 하다. 둘 다 자연스럽지 않다는 것이다. 새의 둥지가 낮아지고 사람들 곁을 두려워하지 않는다는 사실은 얼핏 긍정적인 현상처럼 보이지만 비둘기를 인간의 곁에 두었다가 '해로운 새'로 규정하고 내쳐버리는 인간의 변덕과 이기심을 따져보면 바람직해 보이지 않는다. 새들의 낮은 둥지는 그런 기웃거림의 결과이므로 인간의 불편함만을 따짐의 척도로 삼아서는 안 될 것이다.

새와 반대로 높아지는 인간의 둥지는 구약성경에 나오는 '바벨탑'처럼 교만의 상징으로 여겨질 법하다. 수십 층 아파트에서 내려다보는 전망과 높은 산 정상에서 내려다보는 경치는 마치 자연을 정복한 자의 시선을 누리는 쾌감을 맛보게 해준다. 재미있는 지적은 "낮은 층에 살면 밖에서 들여다본다고 싫어하"는 마음가짐이다.

옛날 시골에서는 담을 터놓고 이웃과 지내는 삶의 마음가짐을 자연스럽고 마땅한 것으로 받아들였다. 높은 담장을 둘러 집을 가리고 마당 높은 곳에 정자를 짓는 태도는 백성을 다스리고 억압하는 지배계층의 생활 습관이었을 뿐이다. 땅에 두 발을 내딛는 높이에서 사는 것이 자연의 기운을 받아들이는 데에도 좋을뿐더러 서로가 평등한 높이로 "사람은 사람에게 비춰보며 살아"가는 지혜도 터득할 수 있다는 점에서 바람직하다.

풍수학자나 지질학자들의 말로는 땅의 기운을 몸으로 받아들일 수 있는 지상의 높이는 아파트 5층까지라고 한다. 전망은 남을 내려다보고 자연을 지배하는 듯한 쾌감을 잠시 허락할지는 모른다. 이정록 시인의 말대로라면 그런 "전망도 한두 번이면 텔레비전만도 못한" 것이다.

우리가 살아가면서 깨달아야 하는 사실은 "사람만큼 좋은 전망이 어디 있겠냐?"는 자각이다. 그런데 이런 자각이 아름답지만은 않아서 문제다. 사람만큼 나쁜 전망도 자주 눈에 띄기 때문이다. 그런 점에서 뭐니 뭐니 해도 역시 참된 전망은 자연이 제공하는 것이라고 말할 수밖에 없다. 그 전망은 높은 곳에서 내려다보는 보람만 제공하지는 않는다. 조용하게 평지로 나 있는 호젓한 숲길과 낮은 산기슭에서 높은 산봉우리를 경외감으로 올려다보는 시선도 전망에 포함될 수 있기 때문이다. 인간의 나약함과 겸손함을 자연 앞에서 확인하는 시선이야말로 그러한 전망의 참된 속성이라 일컬을 만하다.

베드타운

17세기 유럽에서는 본래의 자연이 아니라 가꾸어진 자연인 정원을 바람직한 자연의 모습으로 평가했다. 대표적인 사례가 프랑스 국왕 루이 14세 시절에 만들어진 베르사유 정원이다. 유럽의 절대권력을 대표하는 왕정 체제를 정원의 형태에도 표현해 놓은 셈이다. 심지어 그 시절에는 자연의 생명체도 계급과 질서를 갖추고 있었다고 한다. 자연이 인간의 잣대로 규격화되어 버린 결과일 것이다.

자연도 인위적인 질서에 맞추어놓는 고전주의 세계관에 반대하여 루소 같은 낭만주의 철학자가 "자연으로 돌아가라"고 외쳤을 때의 자연은 그렇게 인공적인 꾸밈을 벗어버린 원시 자연의 상태를 말한다. 오늘날의 우리 사회에서도 다시금 루소 같은 철학자의 외침이 필요하다는 생각이 든다. 대도시 주변의 자연 숲을 인위적인 공원으로 바꿔놓는 정책이 마치 자연환경을 잘 보존하는 대안인 것처럼 홍보되고 있기 때문이다. 그런 점에서 다음의 시편을 주목할 필요가 있다.

원래는 논이었다
나락 수십 가마씩 거두던 논 임자들이
모 찌고 거름 냈지만
그 땅 매입한 도시관리자들은
시민을 위해 호수 파고 초목 심었다

비 오고 바람 불고 햇빛 내리니
젊은 엄마가 유모차 밀며
아기와 혀짤배기로 말하면
꿀벌이 잉잉거리고
늙은 노파가 숨이 차서
깊은 그늘 찾아들면
나비가 날개 펴고 앉고
남녀가 손잡고 걸으면
암수 잠자리가 결혼비행했다

고액토지보상금 받은 논 임자들은

근동에 나가 값싼 논 사놓았고

오직 시민을 위한다는 도시관리자들은

공원을 더 만들기 위해

그 땅 또 매입하러 나섰다

—「베드타운 공원」

하종오 시인의 작품에서는 도시 주변의 자연 경작지가 공원으로 바뀌는 현실에 대한 우려가 암시적으로 표현되어 있다. 시편에 등장하는 "논"이나 "공원"이나 모두 인간의 삶을 위하여 자연을 이용하는 것이니 본래의 자연을 유지하는 방법은 아니다. 그런데 논이 공원으로 바뀌는 현실이 우려되는 까닭은 공원이 도시 주거환경을 위한 자본의 투자가치로 개발되고 있다는 점에 있다. 시에 묘사되어 있는 공원에서 산책을 즐기는 사람과 곤충의 어울림은 그 자체로 아름답고 기릴 만한 것이지만 그 아름다움의 배후에는 자연을 쾌적한 휴식 공간으로 가공하여 판매하려는 자본주의의 욕망이 도사리고 있기 때문이다.

공원으로서의 자연은 어쩌면 본래의 얼굴을 짙은 화장으로 가려버린 여성의 모습과 같아 보인다. 자연은 인간에게 아름다움과 휴식만을 제공하는 안락한 존재가 아니다. 그곳에서는 우리가 알 수도 없고 두려워해야 하는 대상의 속성도 있고, 또한 그 속에서 살아가기 위해서는 힘겹게 노동해야 하는 생산의 수

고를 인간에게 요구하기도 한다. 자연을 휴식과 쾌락의 처소인 공원으로만 여기고 싶은 것은 인간의 편협한 욕망에 불과할 따름이다. 그리고 자본주의는 바로 그러한 편협한 욕망을 충족시켜 줄 상품의 가치를 자연에서 찾아내는 솜씨를 과시한다. 그것이 바로 "베드타운"의 공원이다.

베드타운이라는 용어에서 우리는 이미 휴식과 쾌락의 입지 조건에 치중하는 주변 도시의 존재 기능을 엿볼 수 있는데, 공원 또한 그런 기능을 간직하고 있다. 따라서 논보다는 공원이 투자가치가 높아서 "고액 토지보상금 받은 논 임자들은/근동에 나가 값싼 논 사놓았고/오직 시민을 위한다는 도시관리자들은/공원을 더 만들기 위해/그 땅 또 매입하러 나"서는 것이다. 그런 점에서 투자가치도 낮고 오랜 세월 동안 자연의 생산 방식을 따라온 논의 존재가치를 더 소중하게 생각해야 할 듯하다. 논은 자연을 문명으로 끌어들이는 효과보다 문명을 자연으로 끌어들이는 효과가 커 보이기 때문이다. 특히 친환경농법을 지켜나가는 논의 경우에는.

떠돌이 풀

어느 외국 소설에서 아프리카 베두윈 부족의 삶에 관한 일화를 읽어본 적이 있다. 대도시의 편리한 거주환경과 물질적 혜택을 마다하고 사막으로 잠적해 버린 회사원의 이야기였다. 어릴 적부터 척박한 환경에서 자라난 그에게 문명 생활은 늘 답답하고 부자연스럽게 느껴져서 본래 자기가 살던 곳으로 돌아간 것이었다. 물과 초목이 귀한 사막에서 바람처럼 떠도는 유목민의 삶을 그리워하는 마음은 무엇일까? 그에게는 도회지라는 공간이 자신이 떠나온 사막보다 더욱 황량한 곳으로 여겨졌던 것은 아닐까.

또 다른 아프리카 부족인 마사이 부족에게 가장 치명적인 처벌은 그를 감옥에 가두는 일이었다고 하는데 그 까닭은 미래라는 개념이 희박한 마사이 부족 원주민들은 감옥에 갇히면 자신이 앞으로 풀려날 것이라는 사실을 이해하지 못하기 때문에 감옥에서 죽어버린다는 것이었다. 그래서 마사이 부족에게는 20세기 초반까지 감옥에 가두는 처벌보다 벌금형을 내리는 경우가 대부분이었다고 한다. 어쩌면 베두윈 부족이 물질적으로 풍요로운 도시의 삶보다 척박한 사막의 삶을 선택한 까닭도 도시 공간이 감옥에 갇혀 지내는 삶과 같다고 여겼던 것은 아닐까?

그런 점에서 사막에서만 주로 서식하는 떠돌이 풀의 존재감을 노래한 문정희 시인의 작품이 시선을 사로잡는다.

짚시처럼 떠돌며 살아가는 풀을 보았다
온몸을 축구공처럼 둥글게 말아가지고
사막을 굴러다니다가
일 년에 한두 번 비가 오면
그 자리에 얼른 뿌리를 내려
생명을 퍼뜨리는 덤블링 플랜트*

폭양을 쪼아 먹고 사는 새처럼
황금빛 뼈와 날카로운 가시만 남은
가벼운 검불

오직 부재로 가득한 바람 속을

부서질 듯 부서질 듯
구르고 굴러
사뭇 경건한 힘 하나를 이어가고 있었다

그는 식물의 자서전이 아니라
떠돌이 고행자의 경전을 쓰고 있었다

산다는 것은 무엇인가
혼신을 다해 떠도는
황홀한 생애
나 그만 사막에서 보고 말았다

—「떠돌이 풀」

문정희 시인은 사막을 뒹구는 "텀블링 플랜트"의 모습에서 갇혀 있는 삶을 부정하는 삶의 가치를 찾아내고 있다. "온몸을 축구공처럼 둥글게 말아가지고/사막을 굴러다니"는 초목의 모습은 미국의 서부영화에서도 황량한 사막의 풍경으로 자주 등장한다. 그렇게 굴러다니는 초목을 보며 나는 그것들이 이미 죽어버린 존재라고 생각했었다. 바람이 부는 대로 유령처럼 떠돌아다니는 그것들은 서부 사막의 미라 같아 보였다.

그런데 그런 '떠돌이 풀'이 살아있는 생명체였다니. "일 년에 한두 번 비가 오면/그 자리에 얼른 뿌리를 내려/생명을 퍼뜨리는" 존재였다니. 믿기지 않는다. 아무리 모진 목숨이라지만 이보다 절실한 생명의 보존 능력을 보여주는 존재는 지상에 없을 듯하다. 시인은 그렇게 척박한 환경에서 생명을 이어가는 그 모습을 "떠돌이 고행자의 경전을 쓰고 있"는 행위로 받아들인다.

생명의 존귀함을 일깨우는 떠돌이 풀의 존재 방식은 문명의 풍족한 물질을 낭비하는 우리의 삶을 돌아보게 만들기도 한다. 또한 문명이 강요하는 물질의 낭비가 자연의 생명이 존재할 수 있는 환경을 점점 사막으로 만들어가는 현실이 두려워지기도 한다. 우리는 그런 사막의 현실에서 과연 떠돌이 풀처럼 살아남을 수 있을까? 떠돌이 풀은 우리에게 생명의 절실함보다 어쩌면 생명의 위태로운 상황을 일깨우고 있는지도 모른다.

그래, 생각이 에너지다

너무 가깝거나 너무 일상적이어서 소중함을 모르는 경우가 많다. 부모님이나 가족의 사랑이나, 공기나 물과 같은 존재가 그렇다. 따라서 그런 존재의 소중함을 제대로 공감하려면 그런 존재에게서 멀리 떨어져 지내볼 필요가 있다. 사실은 지구라는 존재의 가치도 그렇다.

지구를 멀리서 바라보는 시선의 중요성은 이미 우주인들이 체험한 바 있다. 달나라를 처음으로 여행한 아폴로 우주인들은 달에서 바라본 지구의 모습이 푸른색으로 아름답지만 작고 가냘프더라는 고백을 들려주었다. 아무리 파헤치고 훼손해도 별로 표가 나 보일 것 같지 않던 지구의 모습이 그렇게 조그맣고 약하게 보이더라는 생각, 더구나 그러한 지구가 하나밖에 없다는 생각이야말로 지구의 소중한 가치를 새삼스럽게 환기해 준다. 그렇다면 지구에 대한 다음과 생각을 가져보는 것은 어떨까?

아무리 파도 기름이 나오지 않았다.
그래서 지구 반대편을 팠다.
생각이 에너지다.
SK에너지.

아무리 해도 사람들 생각이 바뀌지 않았다.
그래서 텔레비전 반대편을 보았다.
맞다, 생각이 에너지다.
그래서 나는 생각한다.

지구를 그만 파야 한다.
그만 파야 할뿐만 아니라
생각이 에너지라는 생각이 팠던
지구의 저 수많은 구멍들부터 막아야 한다.

지금 지구 반대편으로 달려가
구멍을 뚫고 기름을 뽑아 올리는 생각은
새로운 에너지가 아니다.
지구에게 잘못했다고 용서를 비는

생각이 진정한 에너지다.

아무리 해도 잘못했다는 생각이 안 든다?
지구가 곧 내 몸이라는 생각이 안 든다?
그럼 그때 자기 몸의 반대편을 파 보라.
그때 자기 마음의 안쪽을 보라.
먹고 입고 쓰고 타고 버리는 것의 앞뒤를 보라.
그것이 어디에서 어떻게 오고
그것은 또 어떻게 어디로 가는가.
그렇다면?
그런 생각이 새로운 에너지다.

그리고 그런 생각은 새로운 생각도 못 된다.

—「그래, 생각이 에너지다」

텔레비전 광고가 이문재 시인에게 생태 환경문제에 대한 아이디어를 제공했다. "생각이 에너지"라는 SK 기업의 경영전략이 먹힌 셈이다. 석유와 에너지 광고라는 점도 관심을 끌었겠지만 "지구 반대편을 팠다"는 광고 문구가 시편의 아이디어를 끌어낸 셈이다.

시인은 그리하여 "반대편"으로 세상을 살아가는 삶의 자세,

반대편으로 자연을 대하는 마음가짐을 우리에게 요청한다. 석유를 파냈던 "지구의 저 수많은 구멍들부터 막아야 한다"는 주장과 "지구에게 잘못했다고 용서를 비는/생각이 진정한 에너지"라는 주장이 그러한 요청들이다.

하지만 그런 요청이 먹혀들지 않으리라는 무력감에 휩싸일 때 시인은 이렇게 외치기까지 한다. "자기 몸의 반대편을 파 보라". 지구를 타인처럼 함부로 대하는 사람들에게 "지구가 곧 내 몸이라는 생각"을 품도록 만들기 위하여 시인은 그렇게 외친 것이다.

그는 또한 "마음의 안쪽을 보라"고 외친다. 함부로 살아가는 생활의 낭비를 만들어 내는 우리의 마음이 어떻게 생겨 먹었는지를 직시하라는 외침인 것이다. 스스로의 탐욕을 깨닫는 "생각이 새로운 에너지"라는 광고의 패러디 효과는 그렇게 마련되었다. 게다가 스스로의 탐욕을 돌아보는 이치가 고금을 망라한다는 점에서 "그런 생각은 새로운 생각도 못 된다"는 주장은 기업 광고의 문구를 조롱하고 후려친다. 조롱과 후려침은 거기에서 멈추지 않는다. 일찍이 선현들이 일러주었던 탐욕과 낭비를 물리치지 못하는 우리들의 나약함과 태만을 그것들이 최종적으로 질타하고 있기 때문이다.

싸우는 별을 보며

해마다 한국인이 가장 사랑하는 시인으로 자주 선정되는 윤동주 시인의 대표작인 「별 헤는 밤」에는 1940년대 초반에 고향 북간도를 떠난 서울에서 가을날 밤하늘의 별을 바라보며 떠올리는 사람들의 이름이 많이 등장한다. 초등학교에서 책상에 나란히 앉았던 소녀들의 이름과 고향마을 가난한 이웃 사람들의 이름과 순하고 귀여운 모양을 가진 동물들의 이름과 외국 시인들의 이름과 그리고 무엇보다도 가장 여러 차례 등장하는 이름은 어머니이다. 이 이름들은 모두 그리움과 정겨운 추억의 주인공이다. 하늘이 가장 맑은 계절인 가을날 밤에 뜨는 별은 가장 순수한 그리움의 마음을 절실한 반짝임으로 보여주며 가슴속에 슬픔을 아로새겨 준다.

21세기 초반의 한국 땅에서 마찬가지로 윤동주 시인보다 두

배가 많은 나이의 고형렬 시인이 밤하늘을 쳐다보면서 떠올리는 모습도 과거에 윤동주 시인이 떠올렸던 선하고 정겨운 사람들의 얼굴이다. 그런데 그의 시에는 그런 얼굴들과 상반되는 대상들도 등장해서 시를 읽는 독자들의 마음을 긴장시킨다.

저 반짝이는 샛별은 소말리아의 별 아이들
저 반짝이는 개밥바라기는 이라크 소녀들의 별
저 반짝이는 초록별은 지구의 거울 속에 반짝이는 별
저 작은 별은 책을 보면서
새벽이 오는 것이 추워서 반짝이지요
짙푸르러 눈 뜰 수 없는 녹음 나라에도
태양은 아침에 엉덩이만 한 에너지와 빵을 주고 가요
불에 달군 따뜻한 돌멩이 하나까지 가슴에 껴안고
하지만 제국은 수많은 별을 달고 있으면서
저 하늘의 별을 쳐다볼 줄 몰라요 살아 있는!
저 추운 하늘의 별
그들은 은행과 무기와 책만 들여다보아요
사랑하는 사람들, 스피노자가 아니라 노자가 그랬어요
미워질수록 사랑하라고 노자 스승은 말했지요
혀는 살고 이빨은 망한다 했지만
사랑해요 당신을

저 반짝이는 별을 보고 같은 지구 저녁 시간에
잊을까 기억하고 있지요
날카로운 저녁 공원 나뭇잎을 쳐다보며
아무 생각도 하지 못하고 중단하는 나를 느껴요 그리고
모든 것이 소용없다는 생각이 꼬리를 물고 일어납니다
어떤 샛바람에도 저 별은
눈감지 않을 테지만 책을 보면서
소용없다, 모두 불행하고 다 싫다고 하면서
울어요 이 말을, 나는 이길 수도 물리칠 수도 없어요
저녁별 보고 있으면 나뭇잎들만 눈꺼풀에서 출렁여요
내 가슴 속에서 나뭇잎 하나 흔들려요

—「싸우는 별을 보며」

고형렬 시인은 밤하늘에 반짝이는 별들을 바라보면서 지구의 모양과 그곳에서 착하지만 어렵게 살아가는 사람들의 모습을 떠올린다. "소말리아의 별 아이들"과 "이라크 소녀들의 별"이 그렇다. 지구의 가난한 사람들은 "저 추운 하늘의 별"처럼 우리가 사랑하고 "잊을까 기억"해야 할 대상이라고 시인은 주장한다. 아마도 지금 60대 이상의 한국인들은 어릴 때 시골 마당에서 가족과 함께 밤하늘의 별들을 바라보며 별들의 이름을 정하고 그중에서 하나를 자신의 별로 삼아보았던 추억을 간직하고 있을 듯하다.

우리가 밤하늘의 별을 대하듯 그렇게 지구의 자연을 그리워하고 사랑할 수만 있다면 세상의 미움과 다툼은 많이 줄어들 것이다. 하지만 우리가 이제는 옛날처럼 별을 그리워하지 않고 바라보지도 않는 마음을 갖게 되어버린 현실을 시인은 "제국은 수많은 별을 달고 있으면서/저 하늘의 별을 쳐다볼 줄 몰라요"라고 표현해 본다. 미국의 국기에는 수많은 별이 그려져 있는데 미국이야말로 지구의 환경을 파괴하고 경제적 패권과 전쟁을 일으키는 일에 앞장서고 있는 현실을 떠올리게 만드는 표현인 셈이다. 그래서인지 시인은 "그들은 은행과 무기와 책만 들여다보아요"라고 외치기도 한다.

그렇다면 밤하늘의 별처럼 지구와 가난하고 외로운 사람들을 사랑하고 돌보아줄 이는 어디에 있을까? 우리는 시인처럼 "소용없다, 모두 불행하고 다 싫다고 하면서/울어요 이 말을, 나는 이길 수도 물리칠 수도 없어요"라고 탄식에만 잠겨있어야 할까? 이럴 때 윤동주 시인의 「별 헤는 밤」을 다시 읽으면서 "겨울이 지나고 나의 별에도 봄이 오면/무덤 위에 파란 잔디가 피어나듯이" 새로운 마음의 희망을 품어보는 것은 어떨까?

모래밭에서

내가 어릴 땐 작은누나와 함께 동네 가까운 개천의 모래밭이나 집을 새로 지으려고 모래를 쌓아 놓은 공사장에서 "두껍아 두껍아 헌 집 줄게 새집 다오"란 동요를 부르며 손등 위로 모래집을 쌓는 놀이를 자주 하곤 했다. 가난하게 살던 시절에는 옷을 비롯한 모든 생활 물품을 아껴가며 살아야 했던바, 새것을 장만하기가 수월하지 않은 형편 속에서 생겨난 소망이 담겨있는 놀이였던 것 같다.

모래로 집을 짓는 일은 수월하지 않았다. 그야말로 모래성을 쌓듯이 손을 조금만 빼도 집 모양이 허물어져 버리기 때문이었다. 개천 모래밭이나, 동네 공사장 모래 더미가 그나마 집 모양을 어렵사리 허락했던 근거는 모래 더미에 배어 있는 습기 덕분이었다. 그 습기는 어쩌면 우리네 남루하고 고달픈 생활이 초래했던 슬픔의 눈물이 고인 자취였는지도 모르겠다. 그런 추억을 떠올리며 모래밭에 관한 시 한 편을 읽어보았다.

내가 많이 망가졌다는 것을
갑자기 알아차리게 된 이즈음
외롭고 슬프고 어두웠다
나는 헌 것이 되었구나
찢어지고 더러워졌구나
부끄러움과 초라함의 나날
모래밭에 나와 앉아 모래장난을 했다
손가락 사이로 모래를 뿌리며 흘러내리게 했다
쓰라림 수그러들지 않았다
모래는 흘러내리고 흘러내리고
모래 흘리던 손 저절로 가슴에 얹어지고
머리는 모랫바닥에 푹 박히고
비는 것처럼
비는 것처럼
헌것의 구부린 잔등이 되어 기다리었다

모래알들이 말했다
지푸라기가 말했다

모든 망가지는 것들은 처음엔 다 새것이었다
영광이 있었다

영광, 영광
새것인 나 아니었더라면
누가 망가지는 일을 맡아 해낼 것인가
망가지는 것이란 언제고 변하고 있는 새것이라는 말
영광, 영광

나는 모래알을 먹었다
나는 지푸라기를 잡았다

—「모래밭에서」

이진명 시인은 모래 장난을 하며 삶이나 몸이 망가지고 허물어지는 현실을 생각해 낸다. 세월이 만들어내는 '헌 것'을 자기 삶에서 확인하는 마음은 "외롭고 슬프고 어두"울 것이다. 그런 마음이 간절하게 헌것의 인생을 받아들일 만한 깨우침을 갈구한다. "헌것의 구부린 잔등이 되어 기다리"는 모습은 두꺼비에게 새집을 갈구하며 둥글게 모래집을 쌓아 올렸던 어린 시절의 모습을 환기해 준다. 그렇다면 모래밭의 모래 장난이 시인에게 불러일으키는 깨우침은 무엇일까.

그 깨우침은 이중적이다. 첫 번째로는 "모든 망가지는 것들은 처음엔 다 새것이었다"는 사실, 그런데 이 깨달음은 과거 지향적이라는 점에서 큰 위로가 될 것 같지는 않다. 그것보다는 두 번째 깨달음이 큰 울림을 던져줄 듯하다. "망가지는 것이란 언제고 변하고 있는 새것이라는 말"이 그것이다.

이 깨달음은 사실 인간의 삶을 위한 것이라기보다는 모든 자연의 존재가 지닌 속성인 것처럼 보인다. 순환하고 변화하는 모든 존재의 모습 속에서 어느 것이 새것이고 헌것이라는 구분은 사실상 무의미하기 때문이다. 자연이 이끄는 속성이 그렇게 늘 변화하는 것이므로 오히려 낡게 변화하는 상태를 "변하고 있는 새것"으로 받아들이라는 깨우침이야말로 헌것과 늙음을 회피하는 현대인들이 반드시 귀담아들어야 할 삶의 지혜며 원칙일 것이다. "나는 모래알을 먹었다"라고 고백하는 마음이야말로 새것에서 헌것을 거쳐 소멸로 변하는 삶의 과정이 매 순간 새로운 존재의 가치를 실현하고 있다는 사실을 적극적으로 인정하려는 마음을 표현하고 있기 때문이다.

유리창

프로이트라는 분석심리학자가 말한 변태성욕의 종류에 '관음증'이라는 것이 있다. 그 증상은 사람을 직접 만나서 얼굴을 마주 보며 대화를 나누고 몸을 어루만지면서 사랑을 나누는 행동을 피하려고 한다. 그런 행동을 하는 대신에 사람의 몸이나 행동을 숨어서 바라보는 것을 즐기는 마음가짐을 말한다. 모든 정상적인 사람들도 어느 정도는 이런 마음가짐을 일상생활 중에서 경험할 때가 있는데, 그중에서도 가장 흔한 경험은 유리창 너머로 보이는 풍경을 좋아하거나 어두운 극장에서 영화를 관람하거나 몰래카메라 상황을 즐기는 마음일 것이다. 그런 상황들을 즐기려는 욕망은 내성적이거나 부끄럼을 많이 타는 성격 때문일 수도 있으며, 어린 시절에 부모로부터 자유롭고 개방적인 사랑의 교감 행위를 억압받았기 때문일 수도 있다.

그런데 유리창 안이나 어둠 속에 나를 숨기고 남의 행동이나 사랑을 관찰하는 행위에서 쾌감을 느끼는 마음속에는 나의 안전이나 편안함, 또는 편리함을 보장받으려는 욕구도 포함되어 있다. 특히 현대사회에서 사람들은 직접 나서서 현실 속의 상황에 개입하기보다 관찰자로 물러서서 간접 참여하는 태도를 선호하는 편이다. 이선영 시인의 다음 작품은 그런 심리상태를 꼼꼼하게 들여다보는 내용을 표현하고 있다.

> 유리창 뒤에서 바라보는 풍경은 얼마나 평화로운가
> 노랫소리에 맞춰 가방을 멘 아이들은 총총히 학교로 가고
> 자동차들은 신호에 맞춰 섰다 움직이길 반복하며 연달아 차도를 달린다
> 멀리서 보면 줄지어 제 길을 찾아가고 있는 헤드라이트마저 정겹고
> 위험은 저 먼 나라에서 들려오는 소식일 뿐이다
> 유리창 너머로 들여다보면
> 부엌의 여자들은 얼마나 순해 보이는가
> 음식을 위해 태어난 자기들의 운명에 순응하듯
> 묵묵히 그러나 일인극 배우처럼 당차게 부엌을 지키는 여자들
> 유리창 뒤에서 보는 풍경이 훨씬 아름답고 평화로운데
> 내가 두려워하는 것은 그럼에도 내가 질질 끌려가고 있는 저 바

깥의 힘이다

그럴 때면 나는 인공호흡기를 뗀 식물인간처럼 호흡이 가빠진다

일러두건데 나는 유리창의 시인(詩人), 유리창의 수인(囚人)인 것이다

유리창이 부서져내리는 날 그 자디잔 파편들과 함께

내 영혼도 산산이 바닥에 흩어져내릴 것이다

그러니 삶의 투박하고 거친 손들이여 제발

나를 밖으로 꺼내려 들지 말라

나는 유리창에 고요히 담긴 자이다

—「유리창」

이선영 시인이 고백하는 현대도시에서 달리는 차들의 상황 속에 소음과 매연은 배제되어 있다. 유리창이 가려주기 때문이다. "순해 보이는" 부엌의 풍경도 거짓이기는 마찬가지다. 음식을 만드는 노동의 소음과 냄새가 빠져있기 때문이다. 그러니까 "얼마나 평화로운가"라고 감탄하는 시인의 태도는 거짓 풍경에 대한 깨달음이요, 빈정거림인 셈이다.

더욱 놀라운 점은 유리창이 자연과의 직접적인 만남을 가로막을 수 있도록 인간이 만들어낸 물건이라는 사실에 있다. 자연과의 만남을 가로막으면서도 유리창은 시각적으로는 직접적으

로 만나는 실감을 제공해 준다.

게다가 유리창은 인간에게 꿈과 행복을 가져다줄 것처럼 착각하게 만들기도 한다. 백화점이나 보석상의 유리창 너머에 진열된 상품들의 유혹을 보라. 유리창 너머의 그것들이 꿈이고 행복이라는 착각 때문에 "유리창이 부서져내리는 날 그 자디잔 파편들과 함께 내 영혼도 산산이 바닥에 흩어져내릴 것이다"라고 고백하게 되는 것이다.

자연과 인간, 인간과 인간의 건강하고 직접적인 만남을 가로막는 유리창에 갇혀 있고 싶어 하는 우리들은 "유리창의 수인"인 셈이다. 신발에 흙 묻히기를 꺼려서 승용차로만 여행을 다니고 차 안의 음악과 유리창 너머의 풍경 감상하기를 여행의 참 멋이라고 착각하는 무리 속에 혹시 우리 자신이 끼어 있지는 않을까?

겨울잠

단군신화에 나오는 호랑이와 곰의 이야기를 우리는 모두 알고 있다. 일연이 지은 『삼국유사』의 내용으로 전해지는 단군신화의 내용을 토테미즘과 관련지어 해석하는 관점이 흥미롭다. 토테미즘은 원시 부족의 생활과 종교적인 풍속을 동물 숭배와 연관시켜 파악하는 방법을 제시하는데, 토테미즘의 관점에서 단군신화의 내용을 해석해 보면 다음과 같다.

고조선이 건국되던 시기에 만주 지방에 호랑이를 수호신으로 섬기는 수렵 부족과 곰을 섬기는 농경 부족 사이에서 세력 다툼이 일어났는데 곰을 섬기는 농경 부족이 승리한 결과가 단군신화의 내용을 탄생시켰다고 해석한다. 그렇다면 우리 민족은 곰을 섬기는 농경 부족의 후손인 셈이다.

단군신화에서 또 하나 주목할 사항은 곰이 여성으로 설정되어 있다는 점이다. 한반도에 서식했던 곰은 불곰과 반달곰인데 여성성을 상징할 때 더 어울리는 곰의 종류는 반달곰으로 보인다. 그리고 그 이유를 다음과 같은 시작품에서 찾아볼 수도 있다.

반달곰 한 마리
가슴에 반달을 안고 항아리 속으로 들어간다
항아리 속에서 올려다본 하늘엔
반달이 떠 있고

적적한 사방
바람이 쓸고 가는 소리에 웅웅대는 항아리
반달곰이 숨을 들이쉬고 내쉴 적마다
달은 찼다가 이지러지고

눈은 내려 숲과 들을 하얗게 뒤덮는다
겨울이 깊어갈수록 반달곰의 꿈도 깊어가고
눈밭 한가운데 놓인 항아리는
더욱 무겁게 가라앉는다

어둔 밤 달에서 녹아내린 고드름 한 방울
항아리 속으로 떨어져 내리면

겨울잠을 자던 작은 곰은
부스스 일어난다

잠시
머리에 맺힌 달빛을 쓸어보는
반달곰 한 마리

아주 먼 곳에서 아주 먼 곳으로 불어가는
바람 소리에 잠시 귀 기울이다
항아리 바깥으로 머리를 내밀고
세상을 엿보기 시작한다

—「겨울잠」

남진우 시인도 반달곰을 여성의 존재로 그려놓고 있다. 그러한 증거는 "반달곰 한 마리/가슴에 반달을 안고 항아리 속으로 들어간다"는 내용에 표현되어 있다. 예로부터 신화학에서는 달과 항아리가 모두 여성성을 상징하는 것으로 해석해 왔다. 달과 항아리의 둥근 모습이 여성의 자궁이나 가슴을 연상시킬 수 있고 자궁은 생명을 잉태하는 역할을 하는데 달 또한 차고 이지러지는 모양 속에서 생성의 속성을 연상할 수 있기 때문이다. '항아리'도 아이를 품고 있는 자궁이나 젖을 품고 있는 여성의 몸과 흡사한 점을 근거로 삼아서 여성성을 상징하는 것으로 해석해 왔다. 이 작품에서는 특히 반달곰의 가슴에 새겨진 반달의 모양을 주목하고 곰을 여성성으로 표현하는 데 활용하고 있다.

이 작품에서 가장 재미있는 내용은 "달에서 녹아내린 고드름 한 방울/항아리 속으로 떨어져 내리면/겨울잠을 자던 작은 곰은/부스스 일어난다"라는 부분 속에 있다. 우선 고드름이 녹아내리니 봄이 다가온다는 암시를 읽어낼 수가 있다. 그리고 달에서 생명의 기운이 지상으로 전달되는 정황도 찾아낼 수가 있다. 마침내 시의 마지막 부분에서는 반달곰이 "항아리 바깥으로 머리를 내밀고/세상을 엿보기 시작한다". 항아리에서 나오는 작은 곰의 모습은 엄마 자궁에서 태어나는 아기의 모습을 연상시키기도 한다. 겨울에서 봄으로 넘어가는 생명의 기운을 느끼게 하는 장면인 셈이다.

지리산에 몇 해 동안 이십여 마리가 넘는 반달곰이 방사되었다. 그중에서 40퍼센트 이상이 올무에 걸려 생명의 위협을 받았고 몇 마리는 결국 그것 때문에 희생되었다는 신문 기사를 읽었던 적도 있다. 자연의 생명체를 복원한다는 인간의 계획이 인간의 손에 의해 가로막히는 모순이 밝혀진 셈이다. 지리산 반달곰들이 올해 겨울잠을 잘 자고 내년 봄에 "항아리 바깥으로 머리를 내밀고/세상을 엿"볼 수 있기를 기원해 본다.

꽃 진 자리

유홍준의 베스트셀러 여행기인 『나의 문화유산 답사기』에 소개되면서 더 유명해진 전라남도 승주군의 사찰 선암사에는 유명한 화장실이 있다. "해우소〔解優所:걱정거리를 해결하는 곳〕"라는 명칭이 적혀 있는 이곳은 용변을 보는 자리에서 창살 밖으로 보이는 아름다운 풍경과 청결함으로 입소문을 타게 되었다. 사람에 따라서는 배변의 근심보다 더 큰 걱정거리가 화장실의 불결함과 냄새일 수도 있다. 그런데 선암사의 화장실은 변을 받는 곳에 짚과 나무 탄 재를 넉넉하게 넣어두어서 보기에도 좋고 냄새도 전혀 나지 않는다.

이러한 효과는 사실상 배설물의 '부패'를 '발효'로 바꾸는 과정에서 생겨난 것이다. 짚과 재가 배설물과 뒤섞이면 그것들은 그냥 썩지 않고 다른 유기물로 변화하기 때문이다. 이러한 변화야말로 생명체의 순환 질서가 간직한 놀라운 축복이라고 일컬을 만하다. 생명체의 배설물은 폐기물이 아니라 새로운 생명의 밑거름으로 작용하는 것이다. 그러므로 이렇게 말해볼 수 있다. "똥이 생명이요, 똥이 열매다." 박후기 시인의 시편도 그렇게 놀라운 생명 활동의 이치를 풀어내고 있다.

사과나무에겐
꽃 핀 자리가 똥구멍이다
꽃 필 무렵
사과나무는 온몸이 항문이다
꽃잎을 버림으로써 몸을 여는
항문의 개화기를 지나면
똥덩어리 같은 사과 한 알
비로소 가지 끝에 매달린다
흉부에 꽂힌 가느다란 꼭지,
식도 뚫은 튜브 통해 양분 받으며
여름내 있는 힘 다해
괄약근을 조인다
늘어진 살가죽
몸 안으로 잡아당기느라
얼굴 점점 붉어지고,

사과에겐

꽃 진 자리가 똥구멍이다

꽃 진 자리에 유난히

주름이 많은 것은

전생(全生)이 한꺼번에 쏟아질까봐

항문에 힘주기 때문이다

—「꽃 진 자리」

박후기 시인은 "꽃 핀 자리가 똥구멍이다"라고 기발한 주장을 한다. "똥덩어리 같은 사과 한 알/비로소 가지 끝에 매달린다"라고 바라볼 수 있는 마음은 생명의 싹이 움트는 자리, 그리고 다시 그곳에 꽃이 피고 지며 열매가 자라는 자리를 '입'이 아니라 '항문'으로 인정하는 시선에서 비롯된 것이다. 아니 그 시선은 입과 항문을 별다른 몸의 지체로 여기지 않고 동일한 것으로 인정하는 듯하다. 사실 우리 몸에서 입과 항문은 하나로 이어져 있다. 하나로 이어져 있는데도 우리는 입만 드러내놓고 중시하며 항문은 가리고 더럽게 여긴다. 우리의 마음가짐이 우리 몸의 질서를 거부하거나 외면하고 있는 셈이다.

시인은 바로 그러한 마음과 몸의 어긋남을 제자리에 돌려놓으려고 하는 듯하다. 이 시에서 가장 재미있고 기발한 부분인 "여름내 있는 힘 다해/괄약근을 조인다/늘어진 살가죽/몸 안으로 잡아당기느라/얼굴 점점 붉어지고"에서 사과의 점점 붉게 익어가는 색깔을 항문에 힘쓰는 표정과 일치시키는 착상도 그러한 이치를 상기시키고 있기 때문이다.

생명체의 항문은 새로운 생명을 되살리는 용도로 활용될 수 있다는 자각, 그러한 자각이 우리의 식생활과 음식물 쓰레기를 대하는 마음가짐을 반성하게 만들 수 있다. 그러나 무엇보다도 그러한 자각은 산업폐기물에 대한 우리의 근본적인 반성을 촉구하게 만든다. 산업폐기물은 생명체의 항문에서 배설된 것이 아니기 때문에 그것은 결코 생명을 되살리는 용도로 활용될 수 없다는 사실을 일깨우고 있기 때문이다.

비둘기 날다

비둘기를 평화의 상징으로 예찬하며 아름다운 시선으로 받아들이던 시절이 있었다. 1970년대, 1980년대까지만 하더라도 시청 앞 광장에서 아침저녁으로 힘차게 날아오르던 비둘기의 군무(群舞)를 희망과 번영의 상징으로 텔레비전에서 자주 보여주었던 일도 생각난다. 서울에서 비둘기가 넘쳐나게 된 것은 '88 서울올림픽을 치르면서부터라고 한다. 올림픽 행사의 전시효과를 위하여 마구잡이로 들여온 비둘기가 행사를 마친 후에는 마땅한 보호 대책 없이 방치되어 '조류 노숙자'의 신세로 전락해 버리게 된 것이다. 심지어 근년에는 '유해 야생동물'로 지정되는 불행한 운명을 맞게 되기도 하였다.

비둘기가 인간의 곁에 머무르게 되고 좋은 대접을 받았던 까닭도 다른 새들에 비해 길들이기 쉬운 속성을 간직하고 있었기 때문이다. 구약성서 「창세기」에는 하나님이 인류에게 내린 대홍수에서 살아남은 노아가 육지의 상태를 점검하기 위해 날려 보낸 새가 비둘기였던 것으로 기록되어 있다. 비둘기는 올리브 잎사귀를 물고 방주로 날아왔다. 이미 이때부터 비둘기와 인간의 친숙한 관계가 성립하고 있었던 셈이다.

어쨌거나 비둘기는 인류에게 새로운 희망을 가져다주었고 신과 인간의 평화로운 관계가 회복되었음을 알려주었다는 점에서 더할 나위 없이 소중한 새인 셈이다. 하지만 이러한 소중한 인연도 인간의 변덕스러운 태도로 말미암아 사라져 버리게 되었다. 박태일 시인은 그렇게 천덕꾸러기 신세가 되어버린 비둘기의 일상을 시편으로 묘사해 본다.

구구 꾸륵꾸륵 헛배를 다독거리며
식은 네온 간판 위나 전깃줄에 붙어앉아
깃털을 썹다가 쑤다가 부비다가
로터리 투자신탁 상업은행 빌딩까지 기웃거리는 비둘기
새끼 비둘기는 드물다 어느새 몸이 불어
어른스럽다 플라스틱 좁쌀이며 껌 부스러기
사람들이 찢어버린 가계수표 긴급대출
빳빳한 비닐 종이 신맛으로 모이주머니를 다듬기도 하면서
어쩔 수 없지 맑은 유리날에 밟히는 식도

사람 가까이로 도시로 몰려들어 먹이를 빌어온
모진 조상들 버릇 탓에 어쩔 수 없지
목덜미에 죽지에 제법 화려한 잿빛 기름때를 뽐내며
어느새 내 몸을 누비는 싱싱한 암 덩어리
서면 육교 위를 살풋 날아올랐다
덕용 돈표 성냥알만한 눈을 빨갛게 밝히면서
구구 꾸르륵 제 아비가 갈겨놓은 마른 똥을
잽싸게 쪼아먹는 새끼 비둘기

—「비둘기 날다」

박태일 시인은 그런 비둘기의 험한 운명을 "사람 가까이로 도시로 몰려들어 먹이를 빌어온/모진 조상들 버릇 탓"이라고 말한다. 이런 언급에서 우리는 새들뿐만 아니라 인간에게 지배당하며 문명의 다스림을 받는 자연의 불행한 운명까지 읽어낼 수가 있다. 생태 관광 지역에서는 지금도 야생동물에게 함부로 먹이를 던져주지 말라고 충고한다. 인간의 섣부른 호기심과 동정심이 자연의 질서와 생명력을 문명 쪽으로 끌어들여 초래할 수 있는 나쁜 결과를 단속하려는 취지일 것이다. 그런 점에서 비둘기가 도시로 날아와 결국 갖게 된 것은 "싱싱한 암덩어리"일 뿐이라고 시인은 비판한다.

인류의 평화를 수호하려는 유엔(UN)의 상징은 아직도 비둘기가 물고 온 올리브 잎이다. 지구를 감싸고 있는 평화의 상징을 올리브 잎으로 그려놓은 유엔 깃발을 쳐다보며 우리는 인류를 죽음의 대재앙에서 삶의 세계로 인도한 비둘기의 역할을 떠올려 볼 수도 있다. 신이 인간에게 허락한 또 한 번의 기회, 그리고 그 기회의 전령사인 비둘기를 상기하며 우리는 이 시대의 문명과 자연의 올바른 관계를 반성해야 할 것이다.

봄 책

예로부터 "식자우환(識字憂患)"이라는 말이 전해 내려온다. 우리말로 바꾸면 "아는 게 병이다"가 될 것이다. 도교의 장자(莊子)는 "나의 삶은 끝이 있는데 지식은 끝이 없다. 끝이 있는 것으로 끝이 없는 것을 따르니 위태로울 뿐이다"라는 가르침을 베풀었다. 과도한 앎의 폐해를 지적하는 것인데, 배운 자들이 권력을 차지하고 백성을 다스리는 세상에서는 지식의 가치가 늘 다른 이치의 가치를 앞질렀다.

현대사회는 다를까. 과학과 경제의 가치가 우선순위를 차지하는 세상에서도 지식의 위세는 달라지지 않은 듯하다. 불과 얼마 전까지만 해도 "정보화시대"라는 말로 앞서가는 지식의 가치를 강조한 바 있다. 오늘날에는 "빅데이터"라는 말로 사회 전반에서 정보의 영향력을 내세우기도 한다.

그렇다면 자연을 바라보는 마음가짐은 어떠할까. 우리나라의 풍광이 뛰어난 계곡에는 바위에 글을 새겨놓은 곳이 제법 많다. 그런 명소에는 예외 없이 정자를 세우고 정자 안에는 반드시 시문을 적어놓는다. 자연도 배움의 대상에서 예외일 수가 없는 증거인 셈이다. 오늘날 대학에서 문학을 가르치는 한 시인은 자연의 봄을 다음과 같이 글자나 책에 비유하여 노래한 바 있다.

글자가 싫다

고물고물
풀리지 않는 생각의 글자들

곳곳의 부지런한 나무들이, 풀들이,
돌들이, 집들이, 길들이
제각각의 글자를 쓰고 있다

어느새 방대한
책이 되어버린 봄길

아마도 맹인들만이
무사히 이 봄을 건널 수 있으리

함부로 아름답다 그러지 말게!
온갖 사물들도 이제
공부하고 있으니

도매, 소매
정육점 앞에 주렁주렁 달린 고깃덩어리들이
가장 해독 불능의
상형문자처럼 종이하늘에 떠 있다

찻집에서 만나거나
붐비는 길 가운데서 만나거나
당신들의 간편한 봄 이야기들이
내겐 이제 더 난해해진다

누가 그랬지! 정말로
세계는 이제 난해한 책이 되었다

어디를 둘러보아도 넘치는 책들과
책의 얼굴들과
책을 펼쳐 들고 길을 지나는 것들뿐이다

—「봄 책」

현대인의 복잡한 사고능력을 기록하는 글자와 책이 "고물고물/풀리지 않는 생각"만 부풀려 놓으니 아무리 책 읽기가 천직이고 글 쓰는 일에 보람을 느낄지라도 "글자가 싫다"라고 고백할 만도 하다. 현대문명의 덫에 빠진 꼴이다. 그렇다면 다른 글자로 만들어진 책은 없을까?

이승욱 시인은 봄날에 자연이 만들어내는 글자와 책을 주목한다. 자연의 신록이 빚어내는 생명의 새싹들, 그것들이 글자라면, 그리고 그것들로 "어느새 방대한/책이 되어버린 봄길"을 마주한다면 어떨까? 그런 책이라면 마음이 설레고 저절로 몰입하게 될 것이다. "아마도 맹인들만이/무사히 이 봄을 건널 수 있으리"라는 말도 봄 책이 주는 경이로움과 설렘의 효과를 암시해 주고 있다.

그런데 시인은 그런 자연의 책을 "함부로 아름답다고 그러지 말"라고 한다. 그저 말로만 생명의 약동을 예찬하지 말라는 것이다. 사람들이 나누는 "간편한 봄 이야기들"은 봄의 책을 진정하게 감상하고 이해하는 태도로 보이지 않기 때문이다.

시의 마지막 부분에서 '자연의 책'과 '인간의 책'은 뒤섞여 있다. 공해라고 할 만큼 넘치는 인간의 책들과 봄의 새싹들이 빚어내는 자연의 책이 간직한 가치를 비교하기는 어렵다. 전자가 주로 머리로 이해하는 것이라면 후자는 온몸으로 받아들이는 것이기도 하다. 그리고 전자가 자연의 생명체인 나무를 죽여서 만드는 것이라면 후자는 자연의 생명체가 있는 그대로 우리에게 베풀어주는 것이기도 하다.

당신이라면 이 계절에 어떤 책을 고르겠는가?

가마우지를 위한 노래

나는 가마우지만 보면 페르시아만 오염 사건이 뇌리에 떠오른다. 1991년 이라크가 서방의 침략을 방해할 목적으로 수백만 톤의 기름을 해안에 흘려보낸 사건을 텔레비전에서 보도할 때 여러 채널에서 반복해서 보여준 장면이 바로 검은 기름을 온몸에 뒤집어쓰고 있는 가마우지의 모습이었기 때문이다. 그때 인간이 저지른 환경 대재앙의 피해를 고스란히 덮어쓴 채 허우적거리고 있는 가마우지의 모습은 너무도 강력한 충격을 안겨주었다.

몇 주 전에 교육방송국의 〈세계테마기행〉이라는 프로그램에서 나는 또 다른 가마우지의 모습을 목격할 수가 있었다. 우리나라 사람들이 가장 많이 찾는 중국 여행지인 계림의 리강 또는 이강에서 어부들이 가마우지를 이용하여 물고기를 포획하는 장면이 방영되었기 때문이다. 어부는 가마우지의 목에 물고기를 삼키지 못할 정도로 끈을 조여 묶고 가마우지가 자맥질하여 잡아 올린 물고기들을 가로채고 있었다. 바로 그러한 상황을 김윤배 시인은 작품 내용으로 비판하고 있다.

누가 너를 괴롭히느냐
너의 주인이, 그 탐욕의
말들이 너를 괴롭히느냐
이강에서의 한때를 말하며
나는 가마우지에게 묻는다

가마우지는 긴 목 움츠리고
이강 본다 불의의 일격이 숨어 있는
조용한 물길 속을 유영하는
힘찬 가슴지느러미를,
한순간 절망을 향해 크게 선회할
꼬리지느러미의 돌이킬 수 없는 후회를
물끄러미 보며 강물 속에서
물어올린 것은 헛된 식욕임을 깨닫는다
가마우지는 목에 걸려 넘어가지 않는
하루의 노역을 꺽꺽이다 부리를 벌린다

이강의 어부는 가마우지 목에서 물고기를 꺼낸다
물고기의 눈부신 비늘이 슬픔처럼 반짝인다
한때는 심해를 흐르던 물길이었을
이강을, 이강의 가마우지를 말하며
이제는 나에게 묻노니

너의 목숨이 너를 괴롭히느냐

—「가마우지를 위한 노래」

아마 김윤배 시인도 그러한 이강의 잔혹한 낚시 방법을 목도하고 시편을 작성했을 것이다. 가마우지가 물고기를 사냥하는 행위를 "물끄러미 보며 강물 속에서/물어올린 것은 헛된 식욕"이라고 규정하는 시인의 시선은 가마우지의 운명을 넘어서 시인 자신의 인생에 되돌려 꽂힌다. "물고기의 눈부신 비늘이 슬픔처럼 반짝인다"는 표현 속에 그러한 뜻이 암시되어 있다.

시인이 가마우지의 목에서 토해진 "물고기의 눈부신 비늘"에서 구태여 슬픔을 읽어낸 까닭은 자연을 거스르는 인간의 가혹한 손길이 문명이나 자본주의의 허울을 쓰고 자기에게 되돌려지는 이치를 찾아냈기 때문일 것이다. 인간이 가마우지의 삶을 착취하고 구속하듯이 자본주의와 현대문명은 결국 인간의 삶을 착취하고 가두기 때문이다. 그러므로 시인은 마지막 내용에서 "이

강을, 이강의 가마우지를 말하며/이제는 나에게 묻노니//너의 목숨이 너를 괴롭히느냐"라고 묻는다.

가마우지의 목에 걸린 끈이 가마우지의 삶을 괴롭히듯이 인간의 목숨이 인간의 삶을 괴롭히느냐고 묻는 그 질문은 목숨에 대한 애착, 혹은 삶에 대한 욕망이 자기 인생을 구속하는 역설을 반성하게 만든다. 인간의 목에 욕망의 밧줄을 조여 "헛된 식욕"이 인간의 삶을 지배하도록 만드는 것이 문명이고 자본주의라는 사실을 시인은 일깨우고 싶었던 것이리라.

〈세계테마기행〉 프로그램에서 이강의 어부들도 고기잡이에 만족하지 못하고 결국에는 낚싯배 체험을 관광상품으로 팔아먹고 있었다. 모든 자연의 삶은 결국 자본주의의 지배를 받을 수밖에 없다는 우울한 진실을 입증하듯.

나무의 수사학 1

"반어법(Irony)"이라고 하는 수사학의 표현법이 있는데 반대로 말하기, 혹은 마음속 생각을 겉으로는 비틀어서 말하는 방법이다. 현대사회에서는 문학작품이 아니더라도 일상적인 말투에서 이렇게 말을 표현하는 경우가 많다. 사회현실이 복잡하고 마음속을 정직하게 드러내면 손해 보거나 바보 취급을 당하는 인간관계가 이런 언어 사용법을 선택하도록 만들었을 것이다. 그렇다면 자연의 경우는 어떨까? 나무는 어떻게 우리에게 말을 건넬까.

꽃이 피었다
도시가 나무에게
반어법을 가르친 것이다

이 도시의 이주민이 된 뒤부터
속마음을 곧이곧대로 드러낸다는 것이
얼마나 어리석은가를 나도 곧 깨닫게 되었지만
살아있자, 악착같이 들뜬 뿌리라도 내리자
속마음을 감추는 대신
비트는 법을 익히게 된 서른 몇 이후부터
나무는 나의 스승
그가 견딜 수 없는 건
꽃향기 따라 나비와 벌이
붕붕거린다는 것,
내성이 생긴 이파리를
벌레들이 변함없이 아삭아삭
뜯어 먹는다는 것
도로변 시끄러운 가로등 곁에서 허구한 날
신경증과 불면증에 시달리며 피어나는 꽃
참을 수 없다 나무는, 알고 보면
치욕으로 푸르다

—「나무의 수사학1」

손택수 시인은 도시에서 꽃이 피는 것이 반어법이라고 말해 본다. 무슨 뜻일까? 자연에 적대적인 도시환경에서는 본래 꽃이 피지 않는 것이 자연의 정직한 태도라고 생각해 본 것이다. 그런데 나무가 꽃을 피워 냈으니 나무 속마음과 반대되는 행동을 한 셈이다. 시인은 시골을 떠나 도시에 살게 된 후로 나무의 그런 태도를 스승으로 삼게 되었다고 말해본다. 그래서 "속마음을 감추는 대신/비트는 법을 익히게" 되었다고 고백한 것이다.

하지만 나무가 꽃을 피우는 행위와 인간인 자기가 비틀어 말하기가 같은 태도가 아니라는 것을 알기 때문에 시인은 마음이 편하지 않다. 겉과 속이 다르게 말하는 자신의 태도가 마음의 상처를 받지 않는 데에는 효과적일 수 있지만 사람들과 따뜻한 인간관계를 나누게 해주지는 못하기 때문이다. 그에 반해 나무의 꽃 피는 행동은 자연의 생명체들과 따뜻한 관계를 만들어낸다. 적대적인 도시환경에 오히려 활짝 웃어주는 나무의 행동이 "꽃향기 따라 나비와 벌이/붕붕거린다는 것,/내성이 생긴 이파리를/벌레들이 변함없이 아삭아삭/뜯어먹는다는 것"을 가능하게 만들어 주는 것이다.

그렇다면 사람의 반어법과 나무 반어법의 차이를 만들어내는 비밀은 무엇일까. 작품의 마지막에서 시인은 그 비밀을 밝혀준다. "나무는, 알고 보면/치욕으로 푸르다." 치욕을 견뎌내는 마음이 그것이다. 나무의 반어법은 치욕을 뜨겁게 견뎌내는 생명력을 간직하고 있다. 인간의 반어법이 치욕으로부터 도피하려는 차가운 태도를 가진 것과 선명하게 대비되는 자세인 셈이다.

지구 환경은 이렇게 차가운 인간의 마음으로는 더 이상 지킬 수 없는 상황에 놓이게 되었다. 오히려 인간과 문명의 적대적인 손길을 견디어낼 수 있는 자연의 치욕스러운, 그러면서도 왕성한 생명력 그것이 어쩌면 지구의 마지막 희망일지도 모른다. '4대강 개발사업'의 참담한 결과를 지켜보면서 다시 한번 안타깝게 확인되는 사항이다.

멀리 가는 향기

열매의 수정과 결실을 만들어 주는 꽃가루받이를 대표하는 곤충이 벌과 나비이다. 그중에서도 벌은 인간 먹을거리의 70퍼센트를 해결해 준다고 한다. 얼마 전에 텔레비전에서 꿀벌을 구하지 못해서 과수 농사를 망치게 되었다는 농부의 탄식을 들었던 적이 있다. 기후 재난이 꿀벌의 멸종을 재촉할 수 있다는 예측도 여러 번 보도된 바 있다. 지난 수십 년 동안에 꿀벌의 수명이 50퍼센트나 줄어들었다는 과학계의 보고도 나오고 있다. 1970년대에 꿀벌의 수명은 평균 34일 정도였는데 이제는 15일도 생존하기가 어렵게 되었다는 것이다.

꿀벌의 생존 기간을 단축하는 강력한 원인 중의 하나인 지구 온난화는 여왕벌이 이른 겨울에 알을 낳도록 만들어서 약한 일벌을 만들어내며 농작물에 뿌린 농약은 꿀벌의 기억력과 비행

능력을 감소시키는 작용을 한다. 앞으로 이런 상황은 점점 더 악화할 것으로 예상된다.

예로부터 나비가 꽃을 찾아드는 행동을 남녀의 로맨스에 비유하는 묘사나 문장이 많았거니와 우리나라의 어떤 시인은 동화의 상상력으로 꿀벌이나 나비가 꽃을 찾는 모양을 묘사하고 있어서 살펴보려고 한다.

호박꽃 안에는

아주 조그마한 할매가 살고 있어서

거길 찾아오는 벌이며

나비에게

신방을 차려주기도 하고

꽃가루로 경단을 만들어서는

가느다란 다리에 붙여주어

날려 보낸다.

—「멀리 가는 향기」

신현정 시인은 벌과 나비가 참여하는 식물의 꽃가루받이 과정을 신비로운 마법이나 요정의 세계 속 풍경으로 만들어 보여준다. "호박꽃 안에는/아주 조그마한 할매가" 살고 있다는 상상이 그것이다. 그 할매는 아마도 아기 생명을 점지해 주는 삼신할머니일 법하다.

그런 "할매가 호호 살고 있"다는 표현도 재미가 있다. 호박꽃의 '호'자와 어울리는 동시의 운율을 떠올리게도 하고 '호호' 웃는 모습도 연상이 되는 의성어를 동원한 셈이다. 호호 웃는 할매는 밝은 웃음을 짓는 할매답게 좋은 일만 만들어 준다. 할매가 "벌이며/나비에게/신방을 차려"준다는 상상은 두말할 것도 없이 삼신할매의 역할을 떠올리게 만든다.

더욱 기발한 상상은 "꽃가루로 경단을 만들어서는/가느다란 다리에 붙여주어/날려 보낸다"는 표현 속에 자리 잡고 있다. 생명이 만들어지는 원리를 둥근 경단에 비유하고 있어서이다. 마치 꽃가루로 떡을 빚어내는 모양과 너무 흡사하지 않은가. 자연이 선사하는 생명의 떡이 꽃가루라는 사실을 떠올리며 그런 생명의 떡을 인간에게도 안겨주는 꿀벌을 인간 스스로 사라지게 만드는 인간의 무서운 손길도 떠오른다.

소설가 최인호의 어떤 단편소설에는 '부끄러운 손'에 관한 내용이 등장한다. 6.25 전쟁 때 남쪽으로 피난을 가던 대학교수가 공산군의 불심검문에 걸리자 자기 직업을 노동자라고 거짓말을 한다. 그런데 너무 매끈한 손 때문에 거짓말이 밝혀지고 이북으로 끌려가다가 미군 공습을 틈타서 탈출에 성공한다. 그는 다시 남쪽으로 내려가면서 자기 손을 돌멩이로 거칠게 만들어 공산군의 불심검문에 대비한다. 그리고 대구 부근까지 무사히 내려왔는데 이번에는 미군의 불심검문에 걸린다. 그는 영어를 사용하여 자신이 대학교수라는 사실을 밝힌다. 하지만 이번에는 거친 손이 그의 신분을 의심스럽게 만든 증거가 되어버린다. 이 등장인물의 이후 행적은 독자들의 추측에 맡기려 한다.

이런 소설 이야기를 통해서 내가 말하고 싶은 점은 대학교수가 자기의 거짓된 손을 부끄러워했다는 사실이다. 그렇다면 오늘날의 인류는 자연환경에 대재앙을 초래한 자기 손을 부끄러워하고 있는가. 고급 지식과 정보로 무장한 우리의 손길은 아무런 가책도 없이 자연환경을 파멸의 위기로 몰아넣는 마녀의 마법지팡이 행세를 하고 있지는 않을까. 저주의 그 손길을 호박꽃 안에 살고 있는 호호 할매, 삼신할머니가 내미는 생명의 손길로 바꾸는 방법은 없을까?

눈사람

언젠가 텔레비전 드라마에서 도지사 선거에 출마한 여주인공이 고등어만큼의 커다란 은어가 강으로 돌아오는 간척지 개발의 꿈을 유세장에서 토로하는 장면을 보았다. 그 꿈이 이루어지려면 강을 막으려는 사람들의 마음부터 근본적으로 다르게 개발해야만 할 것이라는 생각이 들었다.

눈사람 만들기 내기를 할 때 빨리 만들기 위해 어린아이들이 연탄재에 눈을 뭉쳐 눈사람을 만드는 것을 본 적이 있다. 그 눈사람은 나중에 잘 녹지도 않더니 흉측한 속 몸을 드러내고 말았다. 우리는 혹시 자연에 대해서도 억지로 눈사람 만들듯이 급하게 몹쓸 일을 벌이고 있는 것은 아닐까. 4대강 개발사업의 재난을 돌아보며 다음의 시편이 떠올랐다.

눈사람이 녹는다는 것은
눈사람이 불탄다는 것,
불탄다는 것은
눈사람이 재로 돌아가고 있다는 것,

재가 물이다
하얀 재
더 희어질 수 없는 것이 물이다

시냇물
하얀 재 흐른다
눈사람들이 둥둥둥 물북을 치며
강으로 바다로 은하수로 흘러간다

흘러간다는 것은
돌아간다는 것,
돌아간다는 것은 그 어디에도
오래 머물 수 없다는 것,

—「눈사람」

최승호 시인은 이 작품에서 "눈사람이 녹는다는 것"을 "눈사람이 불탄다는 것"으로 받아들인다. 왜 그럴까? '재'에 대한 생각 때문에 그런 듯하다. 재는 인간에게 죽음과 소멸을 떠올리게 만든다. 그중에서도 자본주의가 세뇌하는 '욕망의 죽음'을 떠올리게 만든다. 그러면서 존재의 근본도 생각해 보게 만든다. 시인은 "재가 물이다"라는 생각도 가져본다.

먼저 인간의 욕망은 한 줌의 재처럼 사라진다는 생각부터 떠올릴 수가 있다. 그런데 소멸을 상징하는 재를 물이라고 규정한 까닭이 무엇일까? 불가의 '윤회론(輪回論)'이 단서가 될 듯하다. 소멸이나 죽음은 그것으로 끝이 아니라 다시 다른 존재의 형태로 태어난다는 생각이 윤회론에 깔려 있다. 존재는 돌고 돈다는 생각, 그런데 물이야말로 순환의 속성을 가진 대표적인 존재이다. 그러니 재가 물이라고 규정한 것이다.

그렇다면 이 작품의 제목으로 등장하는 "눈사람"은 어떤가? 눈사람은 녹지만 사라지지는 않는다는 진실, 물이야말로 집착하지 않으면서도 근본을 지키는 삶의 자세를 가르쳐준다는 사실을 시인은 전달하고 싶었을 것이다. "흘러간다는 것"이 집착하지 않는 속성이며 "돌아간다는 것"이 근본을 지키는 속성이다. 눈사람이 우리 인간을 상징한다는 점에서 눈사람은 자연에 속하면서 자연의 이치인 순환의 원리를 따르는 존재의 상징이기도 하다. 순백의 존재인 눈사람의 순환 원리를 따르는 삶의 길이 우리 모두에게 받아들여졌으면 좋겠다.

시골 사람들은

'지식'과 '지혜'를 구분하는 방법이 있다. 지식은 책에서 배우는 것이다. 지혜는 지식처럼 책을 읽고 '머리'로 이해하는 것이 아니라 '체험'으로 터득하는 것이다. 일찍이 김수영 시인은 시를 쓰는 것이란 "온몸으로 밀고 나아가는 것이다"라는 인상적인 말을 남긴 바 있다. 지혜도 시처럼 온몸으로 깨닫는 것이다. 온몸으로 깨닫는 과정에는 반드시 시행착오가 있기 마련이다.

수많은 실패를 거듭하면서 궁리하고 얻어내는 깨달음의 으뜸가는 대상은 자연이다. 예로부터 자연과의 접촉은 가장 가까운 일상이면서 지혜를 얻어내는 가장 확실한 방법이었다. 그런 점에서 자연과 가장 가까운 시골 사람들이야말로 지혜를 많이 터득한 존재일 것이다. 다음의 시편도 그런 존재의 성격을 담아내고 있다.

시골 사람들은
고개를 들어 자주 하늘을 봅니다.
일을 하다가도
길을 가다가도
술을 마시다가도

비를 품은 구름이 어떤 구름인지
아지랑이는 왜 춤을 추는지
바람은 어디서 불어와서
또 어디로 가는지
시골 사람들은 압니다.

어느새 어둠이 골목을 빠져나가
하늘에다 포장을 치면
별들은 신이 나서 깜박입니다.
그 깜박이는 것을 보고
'내일은 날이 좋겠다'
'모래는 서풍이 불겠다'
점도 칩니다.

하늘과 별과
풀과 나무와 새,
물고기와 시냇물은
한몸의 지체같이 서로 사랑하기에
만물이 숨쉬는 것을
시골 사람들은 다 압니다.

—「시골 사람들은」

김형영 시인이 시골 사람들을 주목하는 까닭도 아직 그들이 자연과의 유대감을 돈독하게 유지하고 있기 때문이다. 시인은 그러한 사례로 시골 사람들이 "고개를 들어 자주 하늘을" 쳐다보는 습관을 꼽아본다. 사소한 습관처럼 보이지만 이러한 습관 속에 무서운 진실이 도사리고 있기 때문이다. 현대사회에서 도시에 사는 사람들이 하늘을 쳐다보지 않게 되어버린 상황이 어쩌면 삶의 지혜를 터득하는 소중한 기회를 잃어버리게 만들고 있다는 점도 그러한 진실의 한 가지일 것이다. 동양의 가장 오묘한 지혜를 담아놓은 책 『주역』을 비롯하여 길흉화복을 점치는 일까지 하늘을 쳐다보는 습관에 연관되어 있다는 사실이 이를 입증한다. 우리나라 경주의 첨성대도 그런 습관의 이치와 쓸모를 반영해 주고 있는 사례이다.

하지만 현대의 도시인들이 하늘을 자주 쳐다보지 않으면서 놓치게 되는 가장 무서운 진실은 "한몸의 지체같이 서로 사랑하기에/만물이 숨 쉬는 것"이라는 생명의 원리이다. 시골 사람들이 틈만 나면 하늘을 쳐다보면서 얻어낸 지혜가 바로 그것이다. 그곳에 하느님도 계시며 그분께서 인간에게 선사하는 가장 큰 축복은 "하늘과 별"이 함께 하듯이 인간도 그러한 품에 안기기를, 그리하여 자연과 인간이 서로를 사랑하고 생명의 원리를 함께 나누어야 한다는 깨달음이다. 시인은 하늘을 쳐다보는 시골 사람들의 습관이 그러한 지혜를 끌어안고 있는 사실을 증언하고 있는 셈이다.

문

오래 전의 우스갯거리 퀴즈 중에 '코끼리를 냉장고에 집어넣는 법'이라는 게 있었다. 정답은 1. 냉장고 문을 연다. 2. 코끼리를 집어넣는다. 3. 냉장고 문을 닫는다이다. 몇 년 전에는 박민규라는 소설가가 이 이야기를 자기 소설 소재로 삼아서 세상의 해악이 되는 것들을 모두 냉장고 속에 넣어버리는 재미있는 이야기를 써보기도 했다. 그는 학교와 미국, 이런 것들까지 냉장고 속에 넣어버리는 재치를 보여주었다.

이렇게 냉장고 안에 들어갈 수 없는 덩치가 큰 것들을 넣어버린다는 기발한 생각은 가만히 생각해 보면 착잡한 삶의 진실을 끌어안고 있다. 앞의 코끼리처럼 도저히 냉장고에 들어가지 않는 것들까지 냉장고 속에 욱여넣는 발상 속에는 인간의 무한 탐욕에 대한 풍자가 포함되는 것이다. 가정주부들의 큰 문젯거리 중에는 냉장고 속에 유통기한이 지나버린 음식물들이 도사리고 있는 상황도 있다. 결국은 먹지도 못하면서 집으로 실어 나르는 승용차 트렁크 용량만 믿고 대형마트에서 욕심껏 사버린 음식들. 그 음식들이 폐기될 때 사용되는 천문학적인 비용은 둘째치고 그 음식들이 먹을 것이 부족한 나라의 사람들에게 나누어졌더라면 하는 안타까운 생각을 지우기가 어렵다. 그런 냉장고의 문제점을 주목하는 시 한 편을 골라보았다.

냉장고는 악착같이 같은 색이다
문(門)을 열면
드러날 부패를 감추기 위해

이를 꽉 다물고 있다
문(門)은
쉽게 열리지 않는다
닫힌 문(門)들은
상한 내부에서 뿜어내는 향기로
사람을 불러들인다

경로당 옆 청수목공소는
늘 문(門)이 닫혀 있다

통나무 몇 개와
비스듬히 놓인 나무 사다리가
문(門) 앞을 지키고 있다

올봄에는
고들빼기가 문(門) 앞에
꽃을 피웠다

닫힌 문(門)들은
사람을 그 앞으로 끌어들이고는
굳게 입을 다물고 있다

닫힌 문(門)은 은폐된 벽이다

—「문」

조용미 시인이 냉장고 '문'을 구태여 한자로 '門'이라고 쓴 까닭은 요즘 문이 두 개 달린 대형 냉장고와 생긴 모양이 비슷하기 때문일 것이다. "문을 열면/드러날 부패를 감추기 위해" 똑같이 아름다운 색으로 치장하고 있으며 "문은 쉽게 열리지 않는다"라고 풍자한 내용도 날카롭다. 이렇게 생각해 볼 수도 있으리라. 부패하지 않을 만큼만 음식이 필요한 생활 습관 속에는 탐욕이 머물 자리가 없다고.

냉장고와 목공소가 비교되는 내용도 재미있다. 냉장고는 '닫힌 문'의 상징이고 닫힌 문은 남들에게 나누어주지 않고 남들과 소통하지 않는 탐욕과 고립을 뜻하기도 한다. 그런데 목공소도 닫힌 문을 갖고 있지만 "올봄에는/고들빼기가 문 앞에/꽃을 피웠"다는 점에서 냉장고와 달리 목공소는 희망의 조짐을 보여주는 셈이다. 고들빼기꽃은 아마도 자연을 통한 생명의 소통과 분배를 암시할 수 있을 듯하다.

그런 점에서 '유기농'이라고 하는 음식의 가치가 또 다른 탐욕과 차별의 가치로 평가되지 않았으면 좋겠다. 단지 안전하고 비싼 먹거리의 정체성이 아니라 필요한 만큼 조금만 먹고 남들과 나누는 사랑과 평등의 생명 운동으로 유기농법의 관심이 지속되었으면 좋겠다.

김포평야

내 큰아들은 김포 신도시에 산다. 결혼 전에 무주택자를 위한 임대주택 보급 사업으로 김포시 양곡 택지지구에 건립된 16평 아파트에 당첨되어 독립해서 살림을 났다. 얼마 후에 우리 가족은 그가 어떻게 사는지 궁금해서 집들이라는 명목으로 그곳을 찾아갔다. 지하철을 두 번 갈아타고 버스를 또 갈아타고 두 시간 넘게 걸려 도착한 아파트 단지는 김포평야 한 가운데 자리 잡고 있었다.

경이롭게도 그 지역은 수평과 수직이 뚜렷하게 대비되는 아주 기이한 풍경을 연출해 내고 있었다. 수평으로 너르게 펼쳐진 녹색의 논과 수직으로 세워진 회색의 콘크리트 건물군. 아들의 시선과 마음은 매일 김포평야에서 평안을 얻는다고 했다. 그는 그 너른 평야마저 택지지구로 용도가 변경되어 사라질까 봐 걱정하고 있었다.

강화도에 살고 있는 함민복 시인은 김포평야를 바라보면서 그곳이 앞으로 겪어낼 변화와 불행한 미래 현실을 다음과 같이 풍자하고 있다.

> 김포평야에 아파트들이 잘 자라고 있다
>
> 논과 밭을 일군다는 일은
> 가능한 한 땅에 수평을 잡는 일
> 바다에서의 삶은 말 그대로 수평에서의 삶
> 수천 년 걸쳐 만들어진 농토에
>
> 수직의 아파트 건물이 들어서고 있다
> 농촌을 모방하는 도시의 문명
> 엘리베이터와 계단 통로, 그 수직의 골목
>
> 잊었는가 바벨탑
> 보라 한 건물을 쌓아 올린 언어의 벽들
> 만리장성, 파리 크라상, 던킨도너츠
> 차이코프스키, 노바다야끼……
> 기와 불사하듯 세계 도처에서 쌓아 올리고 있는

이진법 언어로 이룩된
컴퓨터 데스크塔

이제 농촌이 도시를 베끼리라
아파트 논이 생겨
엘리베이터를 타고 고층 논을 오르내리게 되리라
바다가 층층이 나누어지리라
그렇게 수평이 수직을 다 모방하게 되는 날
온 세상은 거대한 하나의 탑이 되고 말리라

김포평야 물 괸 논에 아파트 그림자 빼곡하다

—「김포평야」

함민복 시인의 김포평야를 바라보는 시선은 더 근원적인 근심을 안고 있다. 자연을 수평의 질서로, 문명을 수직의 질서로 바라보는 시선 속에는 자연을 지배하고 높게 군림하려는 문명의 어리석은 파괴욕에 대한 경고가 담겨 있다. 자연을 지배하려는 문명의 지배 욕구는 아파트라는 공간보다 오히려 컴퓨터공학과 IT산업의 압도적 발전("컴퓨터 데스크塔")이라는 현실로 풍자되고 있다.

그러나 무엇보다도 이 시의 마지막 부분에서 "농촌이 도시를 베끼리라"는 예언과 함께 전개되는 미래의 농촌 풍경은 우리를 충격과 공포에 사로잡히게 만들기에 충분하다. "아파트 논"과 "바다가 층층이 나누어지"고 "온 세상은 거대한 하나의 탑이 되고" 마는 현실. 우리는 이미 몇몇 공상과학영화(특히 『메트릭스』)에서 그와 유사한 풍경들을 목격한 바 있다.

구약성서에는 하나님이 도시 문명으로 상징되는 바벨탑을 무너뜨리고 인류의 언어를 뿔뿔이 흩어놓는 재앙으로 심판을 내리는 결과가 제시되어 있다. 그렇다면 자연을 파괴하는 현대문명의 지배 욕구에 내려질 재앙은 무엇일까?

로드킬

얼마 전 교육 방송 텔레비전의 〈하나뿐인 지구〉라는 프로그램에서 목숨을 걸고 아스팔트 위를 횡단하는 두꺼비들을 보여주었다. 4월이 산란철이어서 평소의 서식처를 벗어나 가까운 습지로 이동해야 하는 두꺼비의 본능이 이러한 위험을 감수하도록 만들었던 셈이다. 프로그램 화면에서는 두꺼비 서식처 부근의 주민들이 그물로 펜스를 만들어 두꺼비가 아스팔트 도로를 우회하여 습지에 접근할 수 있도록 보살펴 주는 모습을 보여주었다.

우리 동네인 방학동에는 우이동으로 넘어가는 고갯길이 있다. 오래전 그 고갯길에서는 김대두라는 연쇄살인마의 마지막 도끼질 살인사건이 일어났던 적이 있다. 고갯길이 외지고 차량 통행이 드물었던 시절의 사건이었는데, 그 언덕길에 아스팔트 도로가 개발되고 많은 차량이 다니면서 언덕길을 가로지르는 구름다리가 마련되었다. 그 구름다리는 야생 동물이 '로드킬'을 모면하도록 만들어진 '구조 도로'나 '배려 도로'였던 셈이다. 연쇄살인마가 살인사건을 저지르던 곳이 로드킬을 저지르는 차량이 다니는 아스팔트 도로가 되었다는 사실도 의미심장해 보이지만 그런 곳에 구조 도로가 만들어졌다는 사실은 더욱 의미심장하게 받아들여진다.

그 구조 도로 위를 걸어본 적이 있는데 사람의 편의를 위한 구름다리가 아니라서 온통 나무와 흙으로 표면이 덮여 있었다. 동물을 보호하는 자리에 아스팔트가 끼어들 여지는 없었던 셈이다. 그런 추억을 되새기며 로드킬과 아스팔트 도로를 소재로 다룬 이재무 시인의 시 한 편을 읽게 되었다.

> 한밤중, 누워 있던 검은 아스팔트가
> 벌떡 일어나 먹잇감을 찾아나선다
> 콜타르칠한 벽처럼 빗물에 번들거리는 몸,
> 속에서 먹을수록 커지는 허기가
> 컹컹, 인접한 산을 향해 짖고 있다
> 나흘 끼니를 건너뛴 아스팔트
> 제 몸 무두질하며 달리는 차량들
> 돌돌 말아 혀 안쪽으로 삼키고 싶다
> 공복이 불러온 뿌연 안개 속

검은 아스팔트가 바퀴를 굴리며 달리고 있다
질주의 관성은 중력이 낳은 사생아
아스팔트 등에 올라탄
재규어와 쿠거, 바이퍼, 머스탱, 스타리온,
갤로퍼, 라이노, 포니, 무소 들이
꽥꽥 비명을 지를 때마다
와들와들 산천초목이 떤다
산을 빠져나온, 길 잃은 본능을 잡아먹고
점점 더 난폭해지는 아스팔트
고삐 풀린 저 무한질주를 아무도 막을 수 없다

—「로드킬」

야생 동물의 생명 활동을 위협하는 문명의 상징인 아스팔트는 이 작품에서 괴물의 형상으로 의인화되어 있다. "먹을수록 커지는 허기"로 아스팔트가 집어삼키고 싶어 하는 차량 명칭이 "재규어…갤로퍼, 라이노, 포니, 무소"와 같은 야생 동물의 이름을 갖고 있다는 사실이 참으로 착잡한 느낌을 안겨준다. 그 동물들이 그렇게 무서운 속도로 달리기만 하는 본능을 갖고 있지는 않기 때문이다.

대부분 시간을 초원 지대에서 한가롭고 조용하게 지내는 그들의 삶을 "질주의 관성"을 갖는 모습으로 왜곡해 놓은 것은 바로 자본주의 시스템이다. 과속으로 달리는 차량의 수명이 단축되듯이 질주의 관성은 모든 생명체의 삶을 단축하고 황폐하게 만들어버릴 것이다. 그리하여 마침내 질주의 관성이라는 폭탄이 장착된 차량에서 탈출할 수 없는 운명이 초래하는 재난이 얼마나 끔찍한가를 알아차린 사람들은 "꽥꽥 비명을 지를" 것이다. 그러나 그때는 이미 늦었으므로 "고삐 풀린 저 무한 질주를 아무도 막을 수 없"을 것이다. 지금부터라도 문명의 속도감을 조장하는 "검은 아스팔트"에 올라타서 질주해야만 하는 운명에서 벗어나는 방법은 없을까. 두꺼비에게 우회도로를 마련해준 주민들의 마음처럼, 또는 구조 도로를 마련하는 공공기관의 배려처럼 아스팔트 도로를 돌아가거나 벗어나는 삶의 길을 찾아야 하지 않을까.

아스팔트 속의 거북

내가 아는 어떤 노인은 아파트에 들어가더라도 2층 이상의 높이에는 절대로 살지 않는 원칙을 고수한다. 2층 이상 높이에서는 땅의 '기(氣)'를 몸으로 받아들이기가 어렵기 때문이라는 것이다. 아침마다 산에 맨발로 오르는 습관을 갖고 있는 사람들도 있다. 우리 동네에는 '발바닥 공원'이라는 것도 있는데 오톨도톨한 자갈을 깔아놓아 맨발의 혈을 자극하는 운동 효과를 만들어내기도 한다. 게다가 최근에는 황토길을 맨발로 걸으면 불면증도 치료할 수 있고 여러모로 건강에 좋다며 자치단체마다 공원에 황토길을 조성하는 사업을 벌이고 있다. 맨땅이 자연의 피부라면 맨발로 그것을 밟는 행위야말로 자연이 뿜어내는 탄력과 생명력을 가장 적극적으로 느끼고 받아들이는 스킨쉽이며 소통 행위라고 말할 수가 있다.

그런데 보도블록으로 포장된 거리의 가로수들이 죽어가는 사태를 방지하기 위해 보도블록 대신 그물망 덮개를 씌우면서도 사람들은 모든 도시의 땅을 콘크리트와 아스팔트로 포장하려는 욕망을 좀처럼 포기하지 못한다. 생활의 편리가 무엇보다도 중요하기 때문이리라. 비가 오면 질척거려서 신발이나 옷에 흙이 묻는 불편함이 싫고 매끈하지 않은 길을 자동차가 쿨렁거리며 달리는 불편함이 싫은 까닭이다. 이런 불편함을 회피하려는 욕망은 우리가 잊고 살아가는 자연의 본성을 경이롭거나 두려운 재난으로 확인할 수밖에 없게 만들어주는데 다음의 시편도 그런 사례를 보여준다.

이 아스팔트 밑에 거북이 산다
분명하다 갑골의 등짝처럼 딱딱한 이 길바닥이
저렇게 쩍쩍 금이 간 것은,
원칙을 지키지 않은 공사 탓이
아니다 짧고 뭉툭한 발톱에 질끈 힘을 주고
끙차, 아스팔트 속의 거북이 등짝을 밀어올렸기 때문
확실하다 초과적재한 저 화물차의 중량 탓이
아니다 저 균열, 거북의 등을 보라
이 비루 먹은 길들을 다 갈아엎을 심산으로
해안이 가까운 남해나 거제

해남이나 진도의 캄캄한 밤에
아스팔트 속으로 제 대가리를 밀어넣었을 거북!
이 망할 놈의 나라 도로 곳곳을
오늘도 롤러를 단 공사용 차량이 다진다
갈라 터진 길바닥에 새 아스콘을 붓고 다진다

—「아스팔트 속의 거북」

유홍준 시인은 도시의 아스팔트에 균열이 생기는 현상을 바라보면서 그 갈라진 모습이 거북의 등껍질 같다는 생각을 해본다. 그리고 그 갈라짐의 현상이 땅속에 사는 거북이가 등으로 밀어 올린 힘으로 초래되었다는 놀라운 상상력을 발휘한다. 거북이 등으로 아스팔트를 밀어 올리니 아스팔트에 거북의 등 모양이 새겨진다는 상상력 속에는 자연의 강인한 생명력에 대한 기대감과 예찬이 포함되어 있다. 문명과 공해가 아무리 자연을 짓밟아도 자연의 생명력이 거북의 등처럼 단단하고 지구력이 있어서 문명과 공해에 맞서주기를 시인은 기대하고 있는 셈이다.

그러나 그러한 기대감과 예찬도 자연의 수난에 대한 안타까움과 절망을 가로막지는 못한다. 자연에 "새 아스콘을 붓고 다"지는 문명의 폭력에 "거북 수천 마리가 떼죽음, 압사를 당"하는 현실을 직시해야 하기 때문이다. 그 죽음은 자연의 죽음이고 자연과 소통해야 하는 인간의 죽음이라는 사실에 인간의 문명은 무심한 듯하다. 아니 인간의 문명은 오히려 죽음을 향해 나아가는 욕망에 매혹된 듯하다.

그런 점에서 수년 전부터 우리나라를 비롯한 전 세계 도심에서 자주 일어나는 '싱크홀' 현상도 주목해야 할 자연 현상으로 여겨진다. 본래 싱크홀은 석회암 성분처럼 침식되기 쉬운 지하의 퇴적층이 무너지거나 지하수의 이동으로 생겨난 공간 위에 자리 잡은 퇴적층이 무너지면서 생기는 자연 현상이다. 그런데 최근에 도시 개발이 빈번한 중국과 같은 나라에서 도심의 싱크홀이 자주 발생하는 이유는 지하수 남용이나 잘못 시행된 지하 공사 때문이라고 한다. 그야말로 대지를 마구 들쑤셔놓고 훼손해 버린 문명의 공격에 자연이 고통스러워하는 모습을 보여주거나 분노하며 반발하는 태도를 드러내는 것으로 여겨지기도 한다. 현대문명의 무자비하고 가차 없는 공격에 무방비 상태로 노출되어 버린 자연이 앞으로 우리 인류에게 어떤 행동을 보여줄지 걱정이 태산이다.

강정마을 한라봉

제주도의 강정마을에 해군기지 설치 문제가 진행되는 상황을 지켜보면서 점점 절망하게 된다. '강정'은 '4대강 개발사업'의 축소판이라는 생각이 든다. 지금 제주도에서는 제주도민의, 또는 대한민국의 안보와 경제적 이익이라는 명분을 내세우지만 대기업의 개발이익과 그것을 지원하는 정권의 밀어붙이기식 성과에 대한 집착이 개입하고 있는 속사정이 너무도 흡사하기 때문이다. 역시 문제는 자본주의와 그것의 노예가 되어버린 인간의 욕망이다. 자연만 불쌍하다. 그러나 자연이 참고만 있을까? 강정마을 해군기지 설치 문제를 비판하는 시 한 편을 감상해 보자.

한라봉을 크게 만들기 위해 사람들은 나무에게 속임수를 쓴단

다

아직 덜 자란 것처럼, 무게가 덜 느껴지도록
열매에 실을 매달아 가지를 뾀끈 들어 올려주는 것이다
그러면 열매가 덜 익은 줄 알고 나무가 끊었던 양분을 다시 주게 된다는 것,
제주에서도 한라봉을 키우기에 가장 좋다는 강정마을
깨무는 알맹이 속에서 해군기지 폭발음이 들려온다
무역항이라지만 실은 군항이나 다름없으니 이런 속임수가 또 어디 있을까
해도 해도 이건 아니라고 스스로 가지에서 뛰어내린 한라봉
상처를 쓰다듬는 파도 소리가 허리띠 풀고 느긋하게
후식을 먹는 저녁을 휘감고 지나간다
올여름 아내와 함께 걷기로 한 올레길 휴가를 떠날 수 있을까
해안 길 따라 모처럼 아무 일도 없이 어슬렁거리며 돌아다닐 수 있을까
아무래도 나는 마음 놓고 한라봉을 즐길 작은 자유 하나마저 잃어버렸나 보다

—「강정마을 한라봉」

"한라봉"이라는 감귤의 우생 종을 처음으로 접하게 된 때가 2000년대 중반쯤이었을까? 원로 작가인 박완서 선생 댁을 설날 인사차 방문하게 되었는데 선물로 들어왔다며 내놓은 것을 맛보

게 되었다. 아직 소량으로 재배해서 값이 비싸다는 말에, "나는 평생 저걸 먹을 팔자가 되긴 어렵겠구나" 어림했었다. 지금은 대량으로 생산되고 값도 그때보다는 많이 저렴해졌으나 여전히 나에게는 부담스러운 과일이다.

그런데 한라봉을 재배하는 방법을 알고 나니 마음이 더욱 착잡해진다. 속임수로 키워 내다니! "한라봉을 크게 만들기 위해 사람들은 나무에게 속임수를 쓴단다/아직 덜 자란 것처럼, 무게가 덜 느껴지도록/열매에 실을 매달아 가지를 뽈끈 들어 올려주는 것이다/그러면 열매가 덜 익은 줄 알고 나무가 끊었던 양분을 다시 주게 된다는 것."이다.

이런 속임수는 어쩌면 자연을 속이고 제주도민을 속이고 대한민국을 속이는 자본주의의 전략과 닮은 것처럼 보인다. 이미 충분한데도 계속 욕심을 부리게 만드는 자본주의의 전략. 아마도 그래서 손택수 시인은 "제주에서도 한라봉을 키우기에 가장 좋다는 강정마을/깨무는 알맹이 속에서 해군기지 폭발음이 들려온다"라고 표현했을 것이다. 크고 먹음직스러운 한라봉과 안보와 경제개발이라는 해군기지의 달콤한 유혹 앞에서 우리들은(법원까지도) 잘도 속아 넘어가고 있다.

그렇게 자청해서 속아 넘어가고 있는 우리들의 모습과, 속아서 자라버린 한라봉과, 그것을 잘 재배하다가 해군기지라는 된서리를 맞아버린 강정마을과, 이 모든 것들이 떠올라서 시인이

"아무래도 나는 마음 놓고 한라봉을 즐길 작은 자유 하나마저 잃어버렸나 보다"라고 고백했던 것일까? '4대강 개발사업'의 축소판이 되어버린 '강정마을 사태'. 나는 앞으로도 한라봉을 먹을 수 없을 것 같다.

동명 항

내가 사는 아파트 단지에는 도봉구에서는 꽤 유명한 “발바닥 공원”이라고 하는 곳이 있다. 이곳에는 연못도 있는데 이 연못에는 한때 물고기들이 살고 있었다. 금붕어를 비롯하여 비단잉어와 같은 관상용 물고기들이 대부분이었다. 가끔 공원으로 산책을 나가보면 주민들이 아이를 데리고 와서 연못에 과자 부스러기를 던져주는 것을 목격할 수가 있었다. 몇 달 뒤 연못에는 “물고기에게 먹이를 주지 마세요”라고 적힌 팻말이 세워졌다. 사람들은 그 팻말의 내용에 별로 신경을 쓰지 않는 듯했다. 먹이를 계속 던져주면서 연못 주변에는 비둘기들까지 몰려들기 시작했다. 그리고 또 몇 달 후가 되자 연못 공사가 시작되었다. 흙을 모두 퍼내더니 바닥에 방수비닐 같은 것을 깔기 시작했다. 그런 후에는 그 위에 자갈을 깔았다. 작은 분수도 만들어졌다.

그런데 물고기가 사라져 버렸다. 수초도 없고 자갈 바닥에 물만 고여 있는 연못이 어떻게 해서 만들어졌는지 이해가 되지 않았다. 사람들이 함부로 던져주는 과자 때문에 관상용 물고기들을 관리하는 일이 힘겨웠는지, 아니면 오염되는 물이나 모여드는 비둘기들이 신경 쓰였는지 모르겠다. 하지만 은밀하고 아름다웠던 옛날 연못의 추억이 자꾸만 떠오르는 아쉬움을 감추기가 어렵다. 은밀한 추억은 관상용 물고기들 사이로 눈에 띄던 피라미 같은 자연의 물고기들을 찾아냈던 즐거움이었고, 아름다운 추억은 어느 날이었던가 백로인지 왜가리인지 모를 새 한 마리가 이곳 아파트 단지 연못 주변에 내려앉아 있던 모습이었다. 물고기들이 사라지고 황량하게 자갈만 놓여있는 현재의 연못에서는 두 번 다시 찾아볼 수 없는 추억들이었다.

수족관이 있는 가게들마다 번호표 들고
줄 지어선 사람들
물고기 배를 가르는 여자들 손이 재바르다
나도 할복료 만 원을 내고 광어회 한 접시 받아온다
한쪽에선 배를 가르고 또 한쪽에선 살점을 저미는
기막힌 분업화에 신이 난건
날개가 퇴화된 바닷새들
날 줄 모르는 굴욕적인 날개들,

잠방잠방 수면 위에서 나는 시늉이나 하다가 슬금슬금
할복장 앞으로 모여드는 슬픈 육신
서울역 지하도로 모여드는
생의 모서리로 밀려난 비굴한 눈빛들,
이미 승패가 정해진 짜고 치는 화투판처럼
이 먹이사슬은 아슬아슬 이어질 것이다
새들이 하는 일이란
위장을 비우는 것이라는데
이미 사소한 일상이 되어버린
날기를 포기한 이 슬픈 동거를 뭐라고 해야 하나
하나같이 비슷한 얼굴을 하고 손님 받을 채비를 하는
진부한 바다의 표정이라니,
일출의 거대한 해일도 곧 일상에 잡아먹히고 말테니
만상들의 식탐으로 지구는 끊임없이
위장을 채우며 싱싱하게 생존해 갈 것이다

—「동명 항」

김지현 시인의 작품에 등장하는 속초 동명 항 어물전의 풍경도 나에게는 우리 동네 연못의 또 다른 풍경으로 보였다. 사람들 손으로 먹이를 얻게 되어버린 바닷새들의 달라진 생존 모습, 이를테면 "날개가 퇴화된 바닷새들, 날 줄 모르는 굴욕적인 날개들"의 모습이 그렇다.

시인은 그런 바닷새들의 달라진 생존 방식을 "서울역 지하도로 모여드는/생의 모서리로 밀려난 비굴한 눈빛들"이라고 힐난하기까지 한다. 하지만 바닷새들을 노숙자로 만들어버린 것이 과연 누구일까? 인간과 동물들이 "하나같이 비슷한 얼굴을 하고 손님 받을 채비를 하는/진부한 바다의 표정"을 만든 것은 누구란 말인가.

관광객을 탐하는 포구 사람들의 손길이 새들이 본래 누리던 삶을 유혹하고 훼손하여 결국에는 인위적인 욕망의 노예로 전락하게 만든 결과는 우리 아파트 단지 자갈 연못의 황량한 풍경과 다르지 않을 것이다. 그리하여 시인은 "만상들의 식탐으로 지구는 끊임없이/위장을 채우며 싱싱하게 생존해 갈 것이다"라고 역설적으로 외쳐본다. 연못의 흙바닥을 인공의 자갈로, 아니 콘크리트로 바꾸면서 자연이 말끔하게 개발되었다고 함부로 지껄이는 사람들에게 과연 참으로 '싱싱하게 생존해' 가는 길이 무엇인지를 반성하게 만들기 위하여.

나는 숨을 쉰다

우리의 생명을 보증하고 확인하는 증거가 숨을 쉬는 호흡 활동이다. 영화나 드라마에서 사람이 살아있는지를 확인할 때 가끔 보여주는 행위는 손가락이나 귀를 쓰러진 사람의 코에 가까이 대보는 것이다. 그럴 때 확인하는 증거는 숨의 기척이나 소리이다. 구약 성경 「창세기」에는 하나님이 인간을 창조할 때 진흙으로 인간을 빚고 인간의 코에 숨을 불어 넣어서 생명 있는 존재로 만들었다고 적혀 있다.

며칠 전에 태어난 손자를 보러 산후조리원을 찾았다가 손자의 숨소리가 빠르고 강한 것을 보고 숨이 생명의 증거라는 사실을 새삼 실감하게 되었다. 그런데 놀라운 진실은 특이하게도 숨의 기척이나 소리는 들이마시는 상태보다 내쉬는 상태에서 확인되기가 수월하다는 사실이다. 그래서 "숨을 쉰다"라고 말하는 것이다.

그런데 숨을 들이마실 때는 산소를 흡수하고 숨을 내쉴 때는 이산화탄소를 배출한다는 사실을 잘 알고 있는 우리로서는 “숨을 마신다”고 하지 않고 “숨을 쉰다”라고 말하는 사실 속에서, 또한 생명 유지를 확인하는 일이 이산화탄소를 배출하는 상태에서 이루어진다는 사실 속에서 목숨을 진단하는 일에 관한 또 하나의 중요한 진실을 깨닫게 된다. 그것은 바로 우리의 생명 활동으로 유지되는 목숨의 증거가 우리의 보잘것없음을 확인시켜 준다는 사실이다. 달리 말해보면 지구에 산소를 공급해 주지 못하고 이산화탄소를 공급해 버리는 존재가 인간이라는 것이다. 그저 숨 쉬는 일만으로도 지구온난화를 초래하는 부담스러운 존재인 셈이다. 인간의 숨 쉬는 호흡 활동을 최승호 시인도 일찍이 풍자해 본 적이 있다.

> 신기해라 나는 멎지도 않고 숨을 쉰다
> 내가 곤히 잠잘 때에도
> 배를 들썩이며
> 숨은, 쉬지 않고 숨을 쉰다
> 숨구멍이 많은 잎사귀들과 늙은 지구 덩어리와
> 움직이는 은하수의 모든 별들과 함께

숨은, 쉬지 않고 숨을 쉰다
대낮이면
황소와 태양과
날아오르는 날개들과 물방울과 장수하늘소와 함께
뭉게구름과 낮달과 함께
나는 숨을 쉰다 인간의 숨소리가
작아지는 날들 속에
자라나는 쇠의 소리
관청의 스피커 소리가 점점 커지는 날들 속에

답답해라 나는 숨을 쉰다
튼튼한 기관지도 없다 폐활량도 크지 않고
가슴을 열어
갈아 끼울 싱싱한 허파도 없다

—「나는 숨을 쉰다」

최승호 시인은 그런 풍자의 내용을 "인간의 숨소리가 작아진다/자라나는 쇠의 소리/관청의 스피커 소리가 점점 커지는 날들 속에"라고 표현해 본다. 인간의 숨소리를 비롯하여 모든 자연의 생명 활동이 약해지는 상황 속에서 '쇠의 소리'가 커지고 '관청의 스피커 소리'가 커지는 상황은 문명의 생산활동이 왕성해지는 현대사회를 풍자하고 있는 셈이다.

이러한 현대사회의 상황은 삶에 대한 반성과 겸손함을 우리 인간에게 요청하는 듯하다. 인간의 문명이 자연환경을 파괴하는 존재라는 사실을 입증하게 만드는 자연의 이치는 인간에게 인위적인 자랑거리를 내세우지 말라는 교훈을 안겨 준다. "쉬지 않고 숨을" 내쉬면서 이산화탄소를 만들어내는 행위로 자연을 혹사하는 생명의 존재들 가운데서 스스로 자연을 파괴하는 짓거리를 자랑거리로 챙기는 동물은 인간밖에 없기 때문이다.

이미 지구는 엄청나게 늘어난 이산화탄소를 감당하기 버거워하고 있다. "갈아 끼울 싱싱한 허파도 없"는 상태는 유일하면서 가냘픈 푸른 별, 지구의 운명이면서 당연히 우리에게 되돌려지는 부메랑이기도 하다. 후쿠시마 원전을 두려워하면서 새로운 후쿠시마 사태를 준비하기 위해 "자라나는 쇠의 소리/관청의 스피커 소리가 점점 커지는 날들"을 어떻게 하면 사라지게 하거나 지체시킬 수 있을까?

병

물고기 중에는 그물에 잡혀버리면 다른 것들에 비해 이내 죽음을 맞이하는 종류가 있다. 어부들은 대개 성질이 못되거나 급해서 그런다고 말해 버리지만 그건 인간의 판단일 뿐이고 다른 이유가 있을 법하다.

아프리카의 어떤 부족들은 밀폐된 공간에 가둬놓으면 며칠 안 가서 건강이 치명적으로 나빠진다고 한다. 그래서 가두어 놓기보다 벌금으로 대신하는 법이 제정되기도 했다고 한다. 아프리카 사막에 사는 베두인족들을 도시로 이주시키기 위해 주택을 제공하고 생활자금을 지원해 보지만 문명 생활에 적응하지 못하고 도로 사막으로 들어가 버린다고 한다. 이들은 모두 병자인가, 건강한 자들인가?

지하철에서 알아듣지 못할 말을 중얼거리거나 소리를 지르고 일어서서 왔다 갔다 하는 사람들을 발견할 때가 점점 많아지고 있다. 다른 승객들에게는 정신이 온전치 않은 사람으로만 보일 것이다. 하루 종일 죽음에 대해서만 생각하는 사람들이 늘어가고 있다. 혼자 목숨을 끊거나 심지어는 가족들과 함께 목숨을 끊기도 한다. 이런 사람들은 우울증 환자로 분류된다. 도대체 현대사회의 어떠한 삶의 조건이 이러한 사람들의 수를 늘어나게 하고 있는 것일까?

공광규 시인은 우리 시대의 병이 과연 무엇인지를 역설적으로 다음과 같이 물어보는 시편을 선보이고 있다.

고산지대에서 짐을 나르는 야크는
삼천 미터 이하로 내려가면
오히려 시름시름 아프다고 한다

세속에 물들지 않은 동물

내 주변에도 시름시름 아픈 사람들이 많다
이런저런 이유로 아파서
죽음까지 생각하는 사람도 있다
최근에는 세 모녀가 생활고에 자살을 했다

그런데 나는 하나도 아프지 않다

직장도 잘 다니고
아부도 잘하고
시를 써서 시집도 내고 문학상도 받고
돈벌이도 아직 무난하다

내가 병든 것이다

—「병」

이성복 시인은 일찍이 「그날」이라는 시에서 “모두 병들었는데 아무도 아프지 않았다”라고 고백한 바 있다. 공광규 시인이 토로하듯이 “직장도 잘 다니고/아부도 잘 하”는 삶을 살아가야 하다 보면 아플 틈이 없다. 아니, 아픈 것이 무엇인지 생각할 겨를이 없어진다. 물도 사 먹어야 하는 세상이 되어 버렸으며, 비를 맞아서는 안 된다는 사실은 절대로 잊어버리지 않으면서, 그리고 미세먼지 농도에는 예민하면서도 도시와 현대문명이 빚어낸 생태환경의 파괴 현상에는 무덤덤한 태도를 우리들 대부분이 보여 주면서 살아가고 있다. 그 파괴 현상이 내 손톱에 박힌 가시가 아니기 때문이다.

인형의 몸에 바늘을 꽂아서 인형이 닮은 사람의 몸에 병을 만들어내는 저주의 신통력을 믿는 신앙이 중남미 부두교 신앙에도 있으며 우리나라 무속 신앙에도 존재해 왔다. 본래 사람의 몸은 자연을 닮은 법이거늘, 자연의 몸에 끔찍한 쇠말뚝이 박히는 만행이 저질러지고 있는데도 현대를 살아가는 우리는 고통이나 자책을 모른 채로 살아가고 있다. 우리는 치명적인 질환에 걸려 있으면서도 무통증의 상태라 우리가 병자라는 사실을 자각하지 못하는 셈이다.

자벌레 구멍

한 해를 마감하는 12월을 맞이할 때마다 많은 사람들은 아쉬움과 후회를 토로한다. 그러면서 대개는 남 탓이나 사회적 환경 탓을 내세울 때가 많다. 그러니 이런 세상에서 열심히 노력해 봤자 헛일이라고, 자기의 삶이 '벌레' 같다는 자책감에 빠져들게 된다.

그런데 벌레라니, 벌레는 과연 아무것도 아닌, 쓸모없는 존재에 불과할까? 어쩌면 벌레는 인간의 위대한 스승일지도 모른다. 일찍이 카프카가 「변신」에서 벌레로 변해버린 인간을 보여준 까닭은 소외된 인간의 현실을 비판하기 위해서였지만, 그 벌레는 딱정벌레와 같은 '갑충(甲蟲)'이었다. 하필이면 두꺼운 껍질을 가진 벌레를 카프카가 내세운 까닭은 두꺼운 껍질 안에 웅크리고 있는 현대인의 도피적 자세를 암시하기 위해서였다. 그렇다면 다음과 같은 자벌레는 어떻게 보아야 할까?

쳐다보니
떡갈나무 잎사귀에
자벌레가 붙어 있습니다
그저 그러는구나 했다가 한참 뒤에 다시 보니
자벌레는 없고
가늘게, 길다랗게, 그리고 파랗게,
딱 자벌레만한 구멍이
떡갈나무 잎사귀에 뚫려 있습니다
자벌레가 하늘 되는 방법이
그랬습니다
이번에는
내 차례라면서
자벌레가 뚫어놓은 구멍을
찬찬히 봐두라고,
비좁지만 이미 자벌레가 그랬듯이
조심해서 몸을 끼워 넣고는 재빠르게
뒤로 빠져나가 버리라고, 그것이
방법이라고

—「자벌레 구멍」

위선환 시인은 “자벌레”를 삶에 교훈을 안겨주는 인생의 스승으로 내세우고 있다. 연약한 표피를 가진 자벌레는 열심히 먹이활동을 한다. 갑충의 보호막을 갖추지 못한 자벌레는 도망갈 피난처가 없다. 그래서일까? 주어진 일상을 회피하려 하지 않고 우직하게 그 일에만 매달린다. 그리고 그렇게 열심히 활동한 결과는 “딱 자벌레만 한 구멍”을 만들어놓은 것이다. 이 결과는 우리에게 어떤 깨달음을 안겨줄 수 있을까?

우리가 한 해를 열심히 살았는데, 딱 자기 몸만 한 구멍 하나만 남아있다니, 이게 무슨 보람일까? 그것은 바로 깨끗하게 비워놓는 마음이다. 그것이 후회이든 자랑이든 12월 말이 되었다면 마음속을 텅 비워놓으라는 것이다. 이렇게 해야만 하는 비밀은 비워놓은 자리에서만 하늘이 보이기 때문이다.

“자벌레가 하늘 되는 방법”이란 인생의 본래 뜻과 가치를 찾아내는 방법을 말한다. 자벌레가 스승으로서 인간에게 가르쳐주는 인생이란 막아놓고 쌓아놓고 사는 길을 가르쳐주지 않는다. 자벌레는 오로지 자기 몸 하나 간신히 빠져나갈 만큼의 겸손하게 소통하고 비워놓는 삶의 길을 가르쳐준다. 내 욕심을 비워놓고 다른 사람들과, 그리고 무엇보다도 자연과 겸손하게 소통할 때 비로소 인생의 본래 뜻과 가치가 눈앞에 드러난다고 일러준다.

그러니 12월은 자벌레의 구멍을 마련해 놓을 때이다. 그 자리에 이웃과 자연의 손길이 닿을 수 있도록 내 마음을 깨끗하게 청소해 놓을 때인 것이다. 12월은 마음 대청소의 달인 셈이다.

무제시편 158

"눈에 보이지 않으면 마음에서도 멀어진다"라는 서양 속담이 있다. 이 속담은 현대사회처럼 영상매체가 사람들의 삶을 압도하는 환경에서는 매우 경계해야 할 경구로 받아들여진다. 시각적인 이미지로 사람들을 유혹하고 차분하게 생각할 틈도 없이 그 세계에 빠져들게 만드는 속성은 현대 자본주의가 상품을 판매하면서 사람들의 마음을 압도하는 대표적인 방법이 되어버렸다.

앞의 속담에 맞설 만한 우리 속담에 "황금 보기를 돌같이 하라"는 문구가 있다. 최영 장군 부친이 아들에게 물욕을 경계하라는 뜻으로 남겨준 교훈이라고 하는데, 물욕에 앞서서 눈으로 보는 것을 경계하라는 뜻으로 읽힐 수도 있을 듯하다. 황금을 돌로 보는 태도가 마음이 눈으로 보는 것에 지배당하지 않을 때 생겨날 수 있기 때문이다. 눈보다 마음으로 먼저 세상 이치를 판단하려고 할 때 가능한 태도인 셈이다. 그렇다면 다음의 시편은 어떤 교훈을 우리 마음속에 안겨줄 수 있을까?

먼 곳이 다 없어지고 있다
먼 곳이 없어지면
더 큰 불행은
가까운 곳이 없어지는 것

이럴 때
나는 먼 곳의 특혜를 받는다

나로부터
내 발 밑이 멀다
알래스카
시베리아 캄차카
내 80년만의 희망봉

나는 나로부터 멀고 멀다

—「무제시편 158」

고은 시인이 노래하는 "먼 곳"에 있는 것들은 눈에 보이지 않아서 마음으로 존재가치를 판단해야만 하는 것들이다. 가령, 북극의 빙하나 아마존의 숲은 우리 눈에 보이지 않을뿐더러 너무도 멀리 떨어져 있어서 그것들의 소중함을 잊어버리거나 무시해버리기 쉽지만 우리 마음속에 그 가치를 새겨 소중한 대상으로 존중하지 않는다면 인류의 미래는 사라지고 만다.

눈으로 위기를 판단할 때는 이미 늦은 때이며, 마음으로 판단할 때가 적절한 때인 것이다. 따라서 고은 시인이 "먼 곳이 다 없어지고 있다"고 걱정한 문장을 "북극의 빙하가 사라지고 있다"라는 내용으로 이해해도 되지만, "마음이 사라지고 있다"로 읽어도 될 것이다.

현대사회가 인간에게 점점 마음을 사라지게 만드는 시대가 되어가고 있다는 깨달음을 새해 벽두에 고은 시인은 우리에게 자연환경의 재난에 대한 무관심의 문제로 일깨워주고 있다. 곧 설날을 맞이할 것이다. 설날에는 다들 고향을 찾아간다.

그런데 어쩌면 고향은 눈으로 바라보는 대상이 아니라 마음으로 맞이하는 대상일 것이다. 내가 자라온 세월의 추억을 만나러 가는 곳이 눈으로만 확인될 수는 없기 때문이다. 그러니 "먼 곳"이 사라지면 소중한 자연도, 고향도, 그리고 마지막으로 나 자신도 사라지게 될 것이다. 따라서 "나 자신은 나로부터 멀고 멀다"라는 말은 나의 참 존재를 마음으로 보아야 한다는 가르침이다. 눈으로는 멀고 마음으로는 가까운 나의 삶을 돌아보는 한 해가 되었으면 좋겠다.

황홀 만찬

"소신공양(燒身供養)"이라는 상황과 낱말을 처음으로 마주하고 커다란 충격을 받은 적이 있다. 김동리의 단편소설 「등신불」에서였다. 소설의 내용은 일제 강점기에 학도병으로 소집되어 중국에 끌려간 주인공이 정원사라는 절을 찾았다가 그곳에 모셔진 만적 스님의 등신불을 발견하는데 그 등신불이 지옥에 떨어진 자기 모친의 죄업을 대신 참회하기 위하여 자기 몸을 불태워 만든 불상이었다는 내용이다.

부처님에게 자기 몸을 불태워 바친다는 뜻을 간직한 "소신공양"의 개념을 인간과 자연의 관계에서도 되새겨볼 수가 있다. 사실 소신공양은 자연이 인간에게 늘 베풀어 왔던 희생의 제의였다. 그것도 자연의 의도와는 상관없이 주로 인간의 이익을 위하여 자행되었던 적이 많았었다. 산림을 불태워 논밭을 마련하는 '화전(火田)'이 대표적인 경우이다. 요즘도 봄철에 자주 발생하는 산불의 원인이 되곤 하는 논밭 태우기도 마찬가지 사례이다.

이러한 자연 파괴의 소신공양과 반대되는 행위를 노래한 이색적인 시편이 있어서 소개해 보려고 한다.

하느님, 제 몸뚱이를 바칩니다.

온갖 짐승과 채소를 뜯어 먹으며 여태껏 몸통을 불려 왔습니다. 바람과 햇빛을 널름널름 받아 마시며 지탱해 온 목숨, 이제는 제 목을 내놓겠나이다. 밤낮없이 혹사한 머리는 곰삭은 젓갈 맛이 날 것이고, 산밭을 일구느라 단련된 팔다리는 식감이 제법 쫄깃할 것입니다. 그러나 무엇보다도 빛나는 부위는 저무는 호수에서 꽃대를 세우느라 사력으로 흘린 향기, 당신 바라 달려온 가슴살입니다. 머리와 다리가 하지 못한 일, 사람다운 사람으로 춤추는 일은 온전히 가슴의 몫이었습니다. 다른 목숨 잡아먹으며 잘도 살았으니 이제 제 몸을 바치겠나이다.

—「황홀 만찬」

사실 인간이 자연에 몸을 바치는 행위는 어쩌면 자연스럽고 당연한 행위로 보이기도 한다. 자연에서 태어나서 자연으로 돌아가는 이치가 인간의 생명을 다스리고 있기 때문이다. 그런 이치는 성경의 「창세기」에 등장하는 "너는 먼지이니 먼지로 돌아가리라"에서도 확인된다.

그런데 인간의 역사는 그런 이치를 거스르는 삶을 발전시켜 왔다. 자연과 멀어지면서 자연까지 훼손해 버리는 오만하고 무책임한 삶. 안현심 시인의 「황홀 만찬」은 그런 삶에 대한 반성이면서 신약성경에 나오는 "돌아온 탕자" 이야기처럼 자연으로 돌아가는 새로운 삶의 다짐으로 읽힌다. 아니면 인생의 연륜을 마감하는 종교적 소회를 표현한 것일 수도 있겠다.

그런데 몸뚱이를 바치겠다는 결의가 한층 절실해 보이는 까닭은 몸의 지체 중에서도 머리나 팔다리가 아니라 가슴을 가장 소중하게 바치고 싶다는 마음가짐이 돋보이기 때문이다. 인간의 지체 중에서 "당신 바라 달려온 가슴살"이라는 표현이 가장 진실해 보이는 까닭도 있다.

우리가 신이나 자연과 올바른 관계를 모색하고 실천해 나가는 일에 가장 필요한 역할이 머리나 팔다리보다 가슴에 달려있다는 지적은 어느 때보다 인간과 자연과의 절실한 교감이 필요하다는 깨달음으로 받아들여지기도 한다. 인간의 머리로 따지면서 팔다리로 저지른 일이 주로 자연을 개발하고 훼손하는 결과를 초래했다는 반성이 떠오르는 까닭이기도 하다. 그러므로 "사람다운 사람으로 춤추는 일은 순전히 가슴의 몫이었습니다"

라는 고백이야말로 우리가 자연의 품속에서 누릴 수 있는 가장 소중한 유산이 무엇인지를 되새겨 보게 해준다.

깊은 흙

화장품을 사용할 때면 원료비로 들어가는 비용이 제품 가격의 몇 퍼센트밖에 안 된다는 사실을 생각하면서 실속 없이 살아가는 일상을 반성해 볼 때가 있다. 가격의 높은 비중을 차지하는 부분이 광고비와 유통비용이라고 하는데 그중에는 제품의 포장이나 용기 비용도 적지 않은 몫을 차지한다. 한 번 사용하고 버리기 아까울 정도로 아름답게 잘 만들어진 화장품 모양을 볼 때마다 우리는 이렇게 한 번만 쓰고 버릴 물건의 포장에 온통 마음을 빼앗기면서 살아가고 있구나, 반성도 해보게 된다.

그런데 곰곰이 생각해 보면 어디 화장품뿐이겠는가 하는 생각도 떠오르는바 대표적인 사례가 바로 도로포장 문제일 것이다.

흙길이었을 때 언덕길은

깊고 깊었다.

포장을 하고 난 뒤 그 길에서는

깊음이 사라졌다.

숲의 정령들도 사라졌다.

깊은 흙

얄팍한 아스팔트.

짐승스런 편리

사람다운 불편.

깊은 자연

얕은 문명.

—「깊은 흙」

정현종 시인이 문명이라고 부르는 것은 이런 화장품 용기와 같은 것일지도 모른다. 겉보기에는 아름답고 편리하기도 하지만 진정한 가치를 지닐 수는 없는 것, 때로는 겉보기와는 다르게 해로운 내용물을 간직하고 있는 것이 문명의 속성일 수도 있겠다는 생각을 해보게 된다. 다르게 비유해 보면 달콤한 말을 들려주지만 속은 텅 비었거나 거짓으로 가득한 사기꾼의 처세술이 화장품 병이요, 문명일 수도 있겠다는 생각도 해본다.

포스트모더니즘에서는 현대의 가장 중요한 속성을 '이미지'나 '시뮬레이션'이라고 하는데 그것은 실체가 없거나 진실의 존재를 부정하는 허구의 이미지와 같은 것이다. 불교에서 우리의 마음을 미혹시키는 '환(幻)'이나 영어의 판타지 같은 것도 같은 사례에 속할 것이다. 이것들은 모두 화려하면서도 거품 같은 껍데기로 사람들의 마음과 생활을 지배하는 속성을 간직하고 있다.

문명을 대표하는 아스팔트 포장도 같은 것이다. 겉은 매끈하고 편리하다. 그런데 그것이 화장품 병보다 더 나쁜 문명의 포장에 속하는 까닭은 속의 흙을 감추어버릴 뿐만 아니라 흙의 정기와 영혼을 가로막기 때문이다. 가면을 쓴 얼굴과 소통할 수 없듯이 아스팔트로 뒤덮인 대지와 인간은 소통할 수가 없다. 반면에 인간의 숨과 영혼은 대지가 밀어 올리는 숨과 영혼과 소통하는 탄력을 흙길을 걸을 때마다 발바닥으로 느낄 수가 있다. 정현종 시인은 다른 시편에서는 "흙길을 갈 때/발바닥에 기막히게 오는 그 탄력이 실은/수십억 마리 미생물이 밀어올리는/바로 그 힘이었다는 걸!"(「한 숟가락 흙 속에」) 강조한 적도 있다.

대지의 기운이 가장 왕성하게 뿜어져 나오는 초록의 계절에 숲길을 걸으면서 "껍데기는 가라"고 힘차게 외치던 신동엽 시인의 목청을 다시 떠올려보게 된다.

강의 이마를 짚어주는 저녁 어스름

서울 변두리 판자촌에 살던 예닐곱 살 무렵의 일이었다. 1960년대 초반 여름에 내가 살던 답십리에서 동네 형들을 따라 뚝섬유원지까지 물놀이하러 간 적이 있었다. 답십리에서 뚝섬까지 어린 우리들이 걸어서 가는 데에는 족히 두 시간 가까이 걸렸을 것이다. 가다가 배가 고프면 논밭에 들어가 무엇인가 서리를 해서 먹었던 듯하다.

그런데 지금도 선연하게 떠오르는 것은 펌프질해서 물을 마셨던 체험이다. 걸으면서 땀을 많이 흘려서 펌프로 퍼 올린 물맛이 그지없이 달긴 했는데 선연한 기억은 물맛이 아니라 물 펌프의 구조였다. 외딴 동네 길에서 만난 물 펌프는 펌프 입구로 나오는 물을 바로 마실 수 있게 되어 있지 않았다. 펌프 주둥이는 사각형의 두꺼운 나무상자 위에 고정되어 있어서 물이 나오면

나무상자 위로 쏟아지게 되어 있었는데 그 나무상자에는 모래 같은 것이 담겨있었다. 그리고 상자 아래에 조그만 구멍이 달려 있어서 그곳으로 나오는 물을 받아서 먹게 되어 있었다. 말하자면 모래를 담아놓은 나무상자는 정수기 역할을 하는 셈이었다. 지하수가 깨끗하던 시절이었는데도 그렇게 물을 걸러 마시도록 배려를 해준 장치가 너무 독특해서 기억 속에 또렷하게 남아있다.

그런데 하필이면 배한봉 시인의 시편을 읽는데 그 기억이 또렷하게 되살아났다.

지금은 강변 모래사장을 잃은 물이 뿌우연 침묵으로 아우성치는 시간

자궁을 긁어내고 혼절한 여자처럼
원치 않던 바닥을 긁어내고 누워 있는 강

나는 한 번도 물에서 살아본 적 없다고 세 번 부정하지만
내가 사는 세계의 안과 밖에는 물이 가득 차 있다

그러니까 나나 당신이나 물이 아픈 세계에서는 살 수 없는
우주의 물고기

과거의 나에게, 아니 아니 미래의 우리에게
보(洑)를 풀어달라 아우성치는,
지금은 뿌우옇게 아픈 강의 이마를 저녁 어스름이 짚어주는 시간

―「강의 이마를 짚어주는 저녁 어스름」

사람이 마시는 물의 이치와 같이 강을 흐르는 물도 깨끗하면서 풍요로운 생명력을 지키려면 모래나 수초와 같은 것들이 보존되어야만 한다. 우리나라에서 가장 맑은 강의 표본으로 영상물에 많이 등장하는 섬진강의 풍경에는 모래사장이 필수품으로 등장한다. 모래사장은 유속을 조절해 주면서 걸러주는 역할을 감당하는 것이다. 모래사장은 마치 어린 시절 목욕탕에서 몸의 때를 밀어주던 부모님의 손길과도 같은 역할을 강물에 베풀어줄 수가 있다. 강물의 수초와 모래사장은 우리 몸의 콩팥이나 간의 역할을 이행한다고 평가할 수도 있다.

그런데 4대강 개발 사업을 한다는 명분으로 건설업자들이 강바닥을 긁어 파낸 모래를 건설자재로 팔아넘기는 바람에 우리의 강은 쉬엄쉬엄 흐르면서 스스로 정화할 수 있는 몸의 기능을 상실해 버리고 말았다.

배한봉 시인은 모래사장을 잃어버린 강을 여성의 생명력을

상징하는 자궁을 잃어버린 몸에 비유하고 있다. 자궁이 양수를 담아내듯이 모래사장은 강물을 담아내고 있기도 하다. 구태여 자궁에 비유하지 않아도 우리 몸의 70퍼센트 이상이 물로 구성되어 있다는 것은 상식에 속한다. 시인이 "내가 사는 세계의 안과 밖에는 물이 가득 차 있다"라고 말한 뜻도 그런 이치를 내포하고 있다.

물로 몸을 이룬, 물로 생명을 유지하는 인간이 강물을 가두고 상처를 입히고 죽이는 일에 앞장을 서는 모순을 극복하는 일이 이렇게 힘들다니. 인간은 참으로 한 치 앞을 내다보지 못하는 어리석은 존재라는 생각을 지우기 어렵다. 수중보를 막아놓은 일은 사실상 우리 몸과 우리 목숨에 저질러놓은 횡포인 셈이다.

도둑 같다 잡초들

강원도 원주에 내 친구, 시인이며 목사인 고진하가 산다. 목사의 직책보다 시인을 앞세운 까닭은 그가 목사의 행적을 독특하게 수행해 왔기 때문이다. 그는 감리교 신학대학원을 나오고 1980년대에 목사가 되었는데 강원도 산골에서 목회를 하면서 불교와 도교 사상에도 깊은 관심을 가지면서 열린 종교인의 삶을 이끌어왔다. 그는 십여 년도 더 전부터 원주에 낡은 기와집으로 이사하여 자연과 가까워지는 삶을 누리고 있으니 대표적인 방법이 잡초와 함께 지내는 생활이다. 그는 마당에서 잡초를 키우며 잡초로 음식을 만들어 먹는다. 그의 아내는 한때 잡초로 요리를 만드는 프로그램을 유튜브에 올리기도 하였으며 잡초 요리책을 출간한 것으로 알고 있다. 잡초는 그가 자연과 더불어 사는 삶을 실천하는 방법이나 수단을 뛰어넘어 벗이나 반려자처럼 보이기까지 한다. 그러므로 내 친구 시인처럼은 아니어도 잡초의 존재감을 주목한 다른 시인의 시편을 살펴보는 일도 뜻깊을 듯하다.

> 늦여름 되어서야 찾아간 빈집 녹슨 자물쇠를 따고 들어선 집, 내 떠나 있는 동안 제 멋대로 할거(割據)턴, 도둑같다 잡초들, 햇빛도 바람도 빗줄기도 마음놓고 드나들었으리 잘했다 자물쇠가 가둘 수 있었던 것은 아무 것도 없었다 자물쇠가 잠글 수 있었던 것은 자물쇠 뿐이었다 할거턴 잡초들, 전 같으면 가차없이 모두 뽑아버렸겠으나 이번엔 그대로 두었다 비인 집에 머물러 뿌리를 내려준 게 그게 그저 고마웠다 군불도 같이 때고 잘 놀았으며 등불 켜고 저녁상도 겸상했다 나도 그들 안에 할거케 된 것일까 야성이 눈뜨는 저녁, 할거란 말씀이 몸을 씩씩하게 했다 도둑들과 놀았다 집은 제 마음대로 할거할 수 있어야지 사람이 집을 거느려야지 그들과 나는 순번이 다르지 않지 내 집이 따로 있는 게 아니지 저녁비 한 줄금, 석가헌(夕佳軒) 집 모퉁이 활짝핀 배롱나무꽃, 이슬 머금은 꽃가지들이 화안히 나를 기웃거렸다
>
> — 정진규, 「도둑같다 잡초들」

요즘 세간에서는 야생화를 대하는 관심과 사랑도 많이 늘어났다. 야생화만 전문으로 키우는 식물원도 있고 야생화 축제를 여는 지방자치단체도 생겨났다. '있는 그대로의 자연'을 바라보

고 즐기려는 마음이 야생화에 대한 그러한 마음가짐을 낳았으리라 생각된다. 작년에 작고하신 오탁번 시인은 정년퇴직하기 수년 전부터 고향인 충북 제천으로 내려가 자신이 어릴 적에 다녔으나 이제는 폐교가 되어버린 초등학교를 사들여 문학관으로 단장하고 운동장을 야생화 정원으로 가꾸며 생활하였다.

그런데 이러한 야생화에 대한 마음도 세심하게 들여다보면 자연을 인간 편으로 끌어들이려는 욕망의 휘둘림에서 완전하게 자유롭지는 못한 듯하다. 야생화를 인간의 정원으로 끌어들여서 가꾸려는 마음속에는 야생화가 본래 간직한 생명 환경을 존중하기보다 야생화의 독특하고 아름다운 모양과 속성만을 개발하고 탐하려는 욕망이 자리 잡고 있을지도 모른다. 그것은 강아지를 예쁘게 치장해서 키우는 일을 애견의 증표로 삼는 마음과 크게 달라 보이지 않는다.

그런 마음에서 보자면 주인이 없는 집 마당에서 제멋대로 자란 잡초의 모양은 인간의 눈에 아름다워 보일 리 없다. 그런 잡초들은 마당이나 정원에서 차지할 자리가 없어야 하므로 "가차없이 모두 뽑아버"려야 할 것들이다. 그런데 시인은 "이번엔 그대로 두었다"고 고백한다. "비인 집에 머물러 뿌리를 내려준 게 그저 고마웠"기 때문이라는 것이다.

주인 없는 집에 쳐들어와 살고 있는 잡초들을 "할거(割據)", 즉 남의 자리를 차지하고 있는 존재로 생각하는 마음이야말로 자연에 대한 인간의 교만한 마음일 것이다. 인간의 자리를 함부로 차지하고 있는 존재가 자연이 아니라, 사실은 자연의 자리를 함부로 차지하고 있는 것이 바로 인간이기 때문이다. 그러니까 마당 도둑은 바로 잡초가 아니라 인간인 셈이다. 그래도 인간들이 그런 점까지 인정하기는 어려울 것이다. 우리 같은 보통 인간들이 속세를 떠난 도인이나 선사의 마음을 품을 수는 없으니까. 그러므로 시인처럼 사람이 없는 빈자리를 채워주고 위로해 주는 자연의 역할을 인정하고 고마워해 주는, 그저 자연과 함께 더불어 살아가는 마음을 잡초와 야생화에 대한 마음으로 표현할 수밖에 없을 것이다. 그 정도의 마음이 인간이 인정할 수 있는 자연의 자리, 또는 잡초나 야생화의 자리일 것이다.

풀벌레들의 작은 귀를 생각함

나는 영화관에 거의 가지 않는다. 이유는 대체로 두 가지인 듯하다. 첫째는 의자에 오래 앉아 있어야 하는 일이 불편해서이다. 이제 노화가 진행되는 탓인지 한 가지 자세로 오래 의자에 앉아 있기가 어렵다. 두 번째는 영화관의 스피커에서 울려 나오는 소리가 너무 커서 귀가 먹먹할 뿐만 아니라 신경이 예민해지고 마음이 불안해지기 때문이다. 내 생각에는 우리나라 영화관의 음향시설이 소리의 감각을 너무 자극하는 효과에만 치중하는 것처럼 여겨진다. 내가 유난히 크거나 높은 소리에 예민한 탓인지 모르겠으나 최근의 보도에 따르면 스마트폰을 무선 이어폰에 연결해서 시끄러운 음악을 듣는 젊은이들의 청력이 심하게 손상될 위험에 처해 있다고 한다. 요란한 소리를 내는 음악이나 영상을 즐기는 젊은이들의 취향이 넘치는 몸의 활력에 어울리는 반응일 수도 있다는 판단이 들기도 한다. 그러면서도 어쩌면 그런 취향이 현대 도시 문명이 우리네 일상에 제공하는 소음과 기계음의 환경 속에서 만들어진 결과라는 짐작을 떨치기가 어렵다.

가끔 지하철에서 큰 목소리로 전화 통화를 하는 노인들의 모습을 목격할 때가 있다. 그들의 귀가 어두운 데다 지하철의 소음까지 겹쳐서 전화기에서 들려오는 목소리가 잘 들리지 않기 때문에 그런 반응을 보이는 듯하다. 사람은 본래 소리가 잘 들리지 않으면 큰 소리로 말하는 본능을 간직하고 있는 법이다. 어쩌면 노인이 큰 소리로 말하는 본능과 시끄러운 음악을 듣는 젊은이의 취향은 모두 현대적인 도시 환경에서 비롯되었을 것이다. 도시 환경이 조용하거나 작은 소리의 존재감을 지워가는 경향은 점점 강화될 것이다. 이런 도시 환경 속에서 우리의 귀에 나지막하게 들려오는 풀벌레 소리를 주목하는 시인의 시편이 시선을 사로잡는다.

> 텔레비전을 끄자
> 풀벌레소리
> 어둠과 함께 방안 가득 들어온다
> 어둠 속에서 들으니 벌레 소리들 환하다
> 별빛이 묻어 더 낭랑하다
> 귀뚜라미나 여치 같은 큰 울음 사이에는

너무 작아 들리지 않는 소리도 있다
그 풀벌레들의 작은 귀를 생각한다
내 귀에는 들리지 않는 소리들이 드나드는
까맣고 좁은 통로들을 생각한다
그 통로의 끝에 두근거리며 매달린
여린 마음들을 생각한다
발뒤꿈치처럼 두꺼운 내 귀에 부딪쳤다가
되돌아간 소리들을 생각한다
브라운관이 뿜어낸 현란한 빛이
내 눈과 귀를 두껍게 채우는 동안
그 울음소리들은 수없이 나에게 왔다가
너무 단단한 벽에 놀라 되돌아갔을 것이다
하루살이들처럼 전등에 부딪쳤다가
바닥에 새카맣게 떨어졌을 것이다
크게 밤공기 들이쉬니
허파 속으로 그 소리들이 들어온다
허파도 별빛이 묻어 조금은 환해진다

—「풀벌레들의 작은 귀를 생각함」

김기택 시인은 텔레비전과 같은 문명의 소리를 거둘 때에야 우리 귀가 들을 수 있는 자연의 소리를 주목하고 있다. 마치 도시의 불빛이 가려놓는 별빛처럼 자연의 소리는 우리가 잊고 살아가는 세계의 모습과 그 속에 담긴 소중한 진실을 일깨운다. 별빛처럼 자연의 소리도 대체로 화려하거나 요란하지 않다. 그런 만큼 우리 몸의 감각을 무리하게 자극하지 않는다. 문명의 소음이 우리의 삶을 자극하고 피로하게 만드는 것과 구별된다. 우리는 어느새 스스로 훼손하고 병들게 만드는 소리에 익숙해지고 있다. 그런 익숙함을 시인은 "발뒤꿈치처럼 두꺼운 내 귀"라고 말한다.

소음에 무뎌진 우리의 귀는 이제 자연의 생명체에서 울려 나오는 소리를 귀담아듣지 않거나 외면하게 되었다. 우리의 귀에 부딪혔다가 "바닥에 새카맣게 떨어졌을" 자연의 소리를 시인은 다시 숨 쉬듯이 받아들이고 싶어 한다. 인간의 생명과 자연의 생명을 하나로 결합하기 위하여 시인은 "허파 속으로 그 소리들이 들어오"기를 꿈꾸는 것이다.

블루길을 위한 변명

19세기 미국 소설 작가인 허먼 멜빌의 걸작 해양소설 『모비딕』은 당대의 독자들로부터 좋은 호응을 얻지 못했는데, 이유는 기독교를 비판하는 내용을 담았기 때문이었다. 작품을 쓴 허먼 멜빌은 포경선을 타고 세계 각지를 돌아다니다가 선원 생활이 너무 힘겨워 태평양의 누쿠히바 섬에 배가 도착했을 때 포경선에서 탈출하고 원주민 부족과 함께 생활하기도 했으며 나중에는 타히티섬에 들어갔다가 체포당하기도 했다.

남태평양의 섬에서 멜빌은 백인들과 기독교 선교사들이 원주민들의 풍속과 문화를 무시하거나 훼손하는 현실을 목도하고 서양 문명과 기독교에 비판적인 입장을 갖게 되었다. 외래종이 토종을 지배하고 위협하는 현실에 대한 비판적 사례인 셈이다.

그렇다면 현대사회에서 생태환경 문제를 자연의 동식물과 인간관계로 살펴보는 우리의 시선은 어떤 문제점을 안고 있을까? 다음의 시편이 그런 문제점을 다루고 있어서 소개해 본다.

> 낚시하던 아이가 물고기를 패대기친다
> 또 블루길이야
> 조그만 꿈틀거림을 발로 짓누른다
> 외래종이라 나쁜 물고기란다
> 제 국토를 지키는 용사처럼 의기양양하다
> 칭찬을 기다리는 눈빛이다
> 순간, 유색인종에게 테러를 가하는
> 백색 젊은이들의 풍경이 겹친다
> 유럽으로, 아메리카로
> 외래종이 되러 떠나는 이웃들이 떠오른다
> 나는 우물쭈물 시선을 피해 버린다
> 꼬마야, 함부로 외래종이라 말하지 말아라
> 한때는 우리도 모두 외래종이었다
> 아이에게 차마 해주지 못한 말이었다
> 사람과 물고기를 구분 못하는
> 나 따위가 해줄 수는 없는 말이었다
>
> —「블루길을 위한 변명」

박현수 시인은 사람과 물고기의 경우를 함께 연계하여 외래종의 문제를 살펴보고 있다. 아쉬운 점은 "우리도 모두 외래종이었다"는 고백만으로 외래종 문제를 봉합해 버리는 것이다.

시인 말대로 외래종 문제는 비단 오늘의 문제만은 아니다. 또한 "유럽으로, 아메리카로/외래종이 되러 떠나는 이웃들"의 문제는 우리나라만의 문제도 아니다. 하지만 시간과 공간의 보편성을 도입하는 것만으로 외래종 문제의 실마리가 풀리지는 않는다. 외래종 문제는 자기 영역을 벗어나서 타자의 영역에 들어선 상황만으로 다루어져서는 안 되기 때문이다.

외래종 문제는 '블루길'의 경우처럼 영역 침입보다 다른 이해관계가 문제점으로 다루어져야만 한다. 그것은 바로 인위적이고 경제적인 가치 기준의 개입이다. 허먼 멜빌이 목격했던 것처럼 역사적으로 외래종의 침범 문제는 식민지 지배의 관점에서 다루어져야만 하는 것이다.

외래종의 유입이 개별적이고 자율적인 선택과 결정에 의한 것이라면 자연스러운 교류 현상으로 이해되고 존중되어야만 한다. 자연 동식물의 경우라면 기후와 생존 환경의 변화가 초래한 이동 현상으로 이해될 수 있을 것이다. 하지만 사람이건 동식물이건 간에 인위적인, 특히 자본주의적인 계산과 목적을 위하여 외래종의 교류가 증가하는 현상은 바람직하지 못하고 심각한 부작용이 우려될 수밖에 없다. 전통문화와 교류하기보다 훼손과

말살에 주력하는 외래문화와, 토종들을 멸종시키는 외래종 동식물의 부작용이 대표적인 사례일 것이다.

"사람과 물고기를 구분 못하는" 관점이 문제가 아니고, "한때는 우리가 모두 외래종이었다"는 두루뭉술한 입장도 문제 해결에 도움이 되지는 않는다. 문제 해결은 외래종 유입의 진정한 주체가 누구인지를 따져보고 주체의 반성과 책임을 챙기는 일에서부터 시작되어야 할 것이다.

타우젠트 아일랜즈

"시랜드 공국"으로 불리는 세계에서 가장 작은 나라가 있다. 우리는 보통 교황청이 있는 바티칸 시국이나 모나코 왕국이나 산마리노공화국을 가장 작은 국가로 알고 있다. 전체 면적이 축구장의 절반을 조금 넘는 정도에 불과하다. 시랜드 공국은 인구도 31명에 불과한, 그야말로 초소형 거주집단인데 1967년에 영국 예비역 장교이면서 해적방송을 하는 베이츠라는 인물이 제2차 세계대전 때 지어진 영국 북해의 해상구조물에 자칭 시랜드 공국이라는 국가를 세우고 가족들을 이주시켜 스스로 통치자로 군림하고 있다. 세계의 다른 나라들이 공식적으로 인정하지는 않고 있으나 자체적으로 국가 행위를 공공연하게 시도하고 있다.

그런데 이런 지배 형태가 아니더라도 인간의 지배 욕구는 다른 방법을 통해서도 관철되고 있는바, 캐나다에 존재하는 "타우젠트 아일랜즈"의 경우도 참고할 만한 사례가 되고 있다.

천개의 섬이 흩어져 있는 바다 같은 호수
그 많은 섬들 곳곳에
호화로운 별장과
크고 작은 휴양관 즐비하고
요트를 대는 선착장 난간과
물결 출렁이는 바위에 가마우지 떼
새까맣다 혹시
집이 없는 작은 섬 하나 있으면
마음속에 간직하고 싶었지만
유람선으로 한 바퀴 돌아보니
이쪽에는 성조기 펄럭이고
저쪽에는 단풍잎 깃발
흔적 없는 국경으로 나뉜 호수에
주인 없는 섬 하나도 없다
발 디딜 땅 한 곳도 없다

—「타우젠트 아일랜즈」

미국과 캐나다 국경의 세인트 로렌스강에 자리 잡은 "타우젠트 아일랜즈"는 이름보다 훨씬 많은 1,864개의 섬으로 이루어진 호수 지역이다. 그런데 이 중에서 1,000개의 섬으로 인정받기 위해서는 항상 수면 밖으로 섬이 솟아있어야 하며 나무가 2그루 이상 존재해야만 한다고 한다. 착잡하게도 이 기준에는 인간 중심의, 그리고 개발 중심의 관점이 개입되어 있다. 이런 관점에 따라서 1천 개의 섬으로 인정된 대부분의 섬은 미국이나 캐나다의 자본이 개입된 별장지대로 개발되어 버렸다. 그러니 저택이 지어지지 않은 섬을 찾아보기 어렵고 아무리 작은 섬이라도 요트 선착장이 마련되어 있다. 이런 개발 정책에 따라서 타우젠트 아일랜즈는 크루즈 관광코스의 명소가 되어버린 실정이다.

그런데 이런 결과가 부러웠든지 우리나라 남해안의 다도해 지역, 이를테면 전라남도 신안군이나 여수에서는 '타우젠트 아일랜즈 관광개발 전략'을 벤치마킹하는 중이라고 한다.

본래 캐나다 인디언들은 고요하면서도 신비로운 느낌을 안겨주는 이곳에 "신의 정원"이라는 이름을 붙여주었다고 한다. 그곳이 신의 정원이 되기 위해서는, 다르게 설명해서 그곳이 고요하고 신비로운 느낌을 간직하기 위해서는 무엇보다도 인적이 배제되어야만 했을 것이다. 그런데 현대문명은 신의 정원을 '인간의 정원'으로 바꾸어 버렸다.

김광규 시인은 인간의 정원으로 바뀌어버린 아쉬움을 "집이 없는 작은 섬 하나 있으면/마음속에 간직하고 싶었지만"이라고 토로하고 있다. 그 작은 섬마다 인간의 흔적이 넘쳐나는 현실은 "물결 출렁이는 바위에 가마우지 떼/새까맣다"라는 표현으로도 강조되고 있다. 가마우지에게는 미안한 비유가 되어버렸지만 그렇게 조그만 자연의 공간조차 본래의 모습과 가치를 보존할 마음의 여유를 잃어버린 현대인의 탐욕은 자신의 삶을 스스로 가두어놓는 결과만을 초래한 실정이다. 조그만 섬에 집을 지어버린 것이 혹시 자신의 감옥을 지어버린 것은 아닌지 반성해 볼 일이다.

2부

자연환경을 사랑하는 시와 에세이

눈부처

어릴 적에 "눈싸움 놀이"를 자주 한 적이 있다. 그 놀이를 한동안 쉬다가 사춘기 시절에 잠깐 했던 적이 있으며 20대 시절에 다시, 그리고 꽤 오래도록 시도했던 적이 있다. 누가 더 오래도록 눈을 깜박거리지 않는지 눈물이 고이고 눈동자가 시리도록 참아야만 했던 그 놀이에 어릴 때는 그저 별다른 생각 없이 참여했던 듯하다. 하지만 나중에 돌이켜보니 그 놀이의 상대는 대체로 가족 중의 누이들이었던 듯하다. 남자들끼리는 별로 시도하지 않았던 듯한데 아마도 놀이 분위기가 너무 차분하거나 정적이어서 그랬을 것이다.

어쨌거나 별로 내키지 않더라도 상대방 눈을 오랫동안 쳐다보는 행위 속에는 하나의 비밀을 간직한 낱말이 도사리고 있다. 사춘기 시절이나 20대가 되어서야 그 낱말의 의미를 공감할 수가 있었다. "눈부처"라는 말, 눈에 바라보는 대상의 모습이 비치는 형상을 뜻하는 이 낱말 속에는 바라보는 대상에 대한 호기심이나 사랑이 내포되어 있을 듯하다. 구태여 젊은 연인들끼리의 눈싸움에서 보이는 눈부처야 이를 나위도 없으나 다음과 같은 시편에 등장하는 눈부처도 그와 똑같은 마음을 간직하고 있을 법하다.

선사유적지 발굴 현장 근처
발길에 무언가가 밟힌다
수크령 풀섶에 새끼 고양이 한 마리
숨어 울고 있다
야옹아, 야~옹아!
살금살금 다가와 발등에 볼 부비며 다리 사이를 맴돈다
뼈만 남아 앙상한 어린 것아,
생존에 미숙한 어린 것아, 기다려라,
집으로 달려가 고기 몇 점 싸들고 되짚어갔다
허겁지겁 배를 채우고 나를 올려다본다
이제 살겠다는 듯 가는 신음소리 들린다

눈에 밟혀 이튿날 꽃멸치 한 움큼 들고 찾아갔다
바짓가랑이 타고 올라 내 볼을 핥는다

저물도록 마주 앉아 눈 맞춤을 하고 있다
고양이 눈에 석양빛 받은 내 얼굴이 얼비친다
아, 네 안에 내가, 내 안에 네가,
우린 서로에게 눈부처로구나
길에서 만나는 눈부처로구나

가던 발길이 자꾸 멈칫거리는 것은
살아서 만나는 눈부처가
길가 어딘가에 숨어 있기 때문이로구나

—「눈부처」

이명수 시인은 지난해 겨울을 제주도 시골집에서 보냈다. 제주에도 선사유적지가 있다. 그곳을 찾았다가 시인은 선사유적보다 더 마음을 사로잡는 것을 찾아낸다. 절실해서 더 귀한 것이다. 그것은 버려진 새끼 고양이다.

선사유적은 길어야 몇천 년 이전에 인간의 손으로 만든 것들이다. 그것들은 인간의 눈에 대단해 보인다. 백 년을 살아 넘기지 못하는 운명을 갖고 태어난 인간에게는 '지속성'을 갖는 물건들이 대단해 보일 법도 하다. 하지만 몇천 년 정도의 지속성을 갖는 문명의 흔적이라면 수십 억 년의 흔적을 간직하고 있는 자연의 존재들 앞에서는 새 발의 피에 불과하다.

그런데도 그것에 집착하는 이유는 오로지 '인간의 흔적'이라는 기준만이 중요하기 때문이다. 참으로 협소한 기준이요, 이기적인 기준이랄 수도 있다. 그런 점에서 시인은 참으로 중요한 대상을 찾아낸 셈이다. 그것은 인간도 아니고 대단한 지속성을 간직하고 있는 존재가 아니면서도 우리가 유념하고 존중해야만 할 절실한 존재 가치를 간직하고 있다. 그것은 바로 인간과 동등하게 자연 속에서 태어난 '생명체'로서의 존엄한 가치를 간직하고 있는 존재이다. "생존에 미숙한 어린 것"에 관심을 두는 마음은 단지 새끼 고양이에 대한 연민만을 뜻하고 있는 것이 아니다. 그것은 인간에 의하여 버려지고 상처 입은 자연의 존재들, 생물로부터 돌멩이 하나에 이르는 모든 대상을 포괄하고 있다. 시인은 우리가 버리고 상처 입힌 자연의 존재가 갖고 있는 사랑스럽고 소중한 생명력을 일깨우는 것이다. 그리고 또한 자연 속에서 태어난 '동등한 가족'으로서의 '연대감'을 일깨우는 것이다.

"저물도록 마주 앉아 눈 맞춤을 하고 있"는 인간과 자연의 관계, 우리는 이런 관계를 너무도 쉽게 잃어버린 채, 그리고 잃어버린 것도 모른 채로 삭막한 삶을 살아가고 있다. 자연과의 유대감을 상실한 현대인들은 이제 인간들끼리의 유대감, 심지어는 가족끼리의 유대감도 상실해 버린 삶을 살아가고 있는 듯하다.

서로의 눈을 쳐다보면서 먼저 눈꺼풀을 깜박거리는 사람이 지는 게임. 그 게임과도 비슷하게 서로 좋아하는 자연의 생명체들이 "저물도록 마주앉아 눈 맞춤을 하고 있다/고양이 눈에 석양빛 받은 내 얼굴이 얼비친다." 아, 바로 그 순간 깨닫는 절실한 느낌, "아, 네 안에 내가, 내 안에 네가,/우린 서로에게 눈부처로구나". 그래, 인간과 자연은 서로에게 소중한 깨달음을 안겨주고 서로의 존재를 거울처럼 비추어주는 '부처'라는 실감. 이 실감을 우린 되찾을 수 있을까? 올해 우리의 화두는 자연과 인간이 서로에게 '눈부처' 되기. 그리고 그 관계를 본받아 인간과 인간끼리도 서로에게 '눈부처' 되기이다.

옆길로 새다

바다보다 산을 좋아하는 사람이 있다. 그 사람은 산꼭대기에 오르는 것을 별로 좋아하지 않는다. 산꼭대기보다 산자락이나 계곡의 시냇물을 끼고 펼쳐져 있는 숲길로 산책하기를 좋아한다. 그는 전망이 탁 트인 곳을 좋아하지 않는 셈이다.

전망이 트인 곳을 좋아하는 사람들은 무언가를 개척하고 정복하려는 야망을 간직하고 있을 법하다. 구약성서에 〈요나〉라는 선지자가 나온다. 이 사람은 〈니느웨〉라는 곳으로 가서 복음을 전파하라는 하나님의 명령을 어기고 도망치다가 고래 뱃속에 갇혀버리게 된다. 심리학자들은 이 성경 이야기에서 〈요나 콤플렉스〉라는 인간의 무의식적 욕망을 찾아내고 있다. 요나 콤플렉스가 발전과 성장을 두려워하여 정체되거나 물러서려는 삶의 태도를 암시하는 것으로 해석하는 것이 정설이다. 그런데 나는 이런 해석을 뒤집어보고 싶어진다. 성경에 나오는 복음을 전파하라는 하나님의 명령은 어쩌면 개발하고 정복하려는 인간의 야망을 상징하고 있는 것처럼 보인다.

자연이야말로 인간에게는 개발과 정복의 1순위 대상이었다. 그런 개발과 정복을 두려워하는 사람, 〈요나〉는 하나님의 복음을 니느웨 사람들에게 전파했다가 그들이 자기 민족을 지배해 버릴까 봐 두려워서 하나님의 명령을 어겼다고 해석되기도 한다. 〈요나〉의 마음은 자연을 정복하려는 야망이 오히려 자신을 해치는 부메랑으로 돌아올까 봐 두려워하는 환경론자의 마음을 닮았던 것은 아닐까? 그렇다면 다음처럼 산길을 거니는 시인의 마음가짐은 어떤 속뜻을 품고 있을까?

> 젊을 땐 산을 오른다고 했으나
> 요즘은 산에 안긴다고 한다
> 어머니 품에 안기던 꼬마 때 기억 잊어버렸지만
> 산에 안기며 그때 그 품이 그랬을 거라 짐작해 본다
>
> 가파른 계곡을 따라 오르다 만난
> 흰 싸리꽃 향기에 킁킁 코를 대보고
> 느닷없이 떡갈나무 밑에서 푸드덕 날아오르던
> 장끼의 비상에 놀란 가슴 쓸어내리고

일찍 온 무더위에 목이 말라 개울가에 앉아
손 조롱박으로 물 몇 모금 떠 마신 후
이 녹빛 병풍 두른 풍광 혼자 보기 아까워
하늘조차 녹빛으로 물든 풍광 아껴가며 휘둘러본다

그렇게 아껴가며 사방을 휘둘러보는데
숱한 나무들이며 새들, 벌나비들, 꽃들
내가 이 산에 스며든 걸 모를 리 없을 텐데
아무도 알은체하지 않는다는 느낌,
인간세에서처럼 섭섭하다기보다는 오히려 고마웁다
그래, 나도 너휠 알은체하지 않으마!

다시 계곡을 따라 오르다 옆길로 새 본다
옆길로 새는 맛 알면
산에 깊이 중독된 게 아닐까
옆길로 새면서 길 잃을까 두려운 맘 없지 않았지만
어머니 품인데 어때! 그러며
옆길로 샐 때의 쾌감, 내 안의 아이 깔깔대는 소리

—「옆길로 새다」

"산을 오른다"고 말하지 않고 "산에 안긴다"고 말하는 고진하 시인의 마음도 고래 뱃속에 안긴 요나의 마음과 흡사해 보인다. 대지의 신인 가이아의 가장 큰 신체적 특징은 가슴이 넓다는 것이다. 안기기 좋은, 또는 편안한 곳이라는 뜻이겠다. 게다가 가이아는 제우스를 비롯한 수많은 신들을 낳는 '모신(母神)'이라는 점에서 모든 존재의 근원이기도 하다. 그리스신화에는 카오스(혼돈)의 상태 바로 다음에 가이아가 존재했다고 한다. 인간이 안기는 곳은 바로 근원인 셈이다.

시인은 "옆길로 새 본다"고 말하기도 한다. 그 뜻은 산에 안기는 가장 중요한 방법일 것이다. 인간의 계획과 방법을 지키려는 태도를 버리기, 그것이 '옆길로' 안기는 방법이다. 고진하 시인은 옆길로 새 보려는 마음가짐을 초래할 만한 근거로 "아무도 알은체하지 않는다는 느낌"을 꼽아본다. 그 느낌은 서로의 존재감을 내색하지 않는 분위기에서 마련될 수 있다. 어쩌면 자연이 가족과 같이 편안하며 안기고 싶은 마음가짐을 초래하는 이유도 자기 존재감을 우리에게 덧씌우려 하지 않기 때문일 것이다. 그냥, 아무도 없는 곳에 눈치 보지 않고 쑥, 들어서는 느낌일 때 몸과 마음은 느슨해지고 편안해지는 법이다.

우리가 사랑하는 자연의 샛길인 "둘레길"도 그렇게 자연을 정복하거나 개발하려는 마음이나 자기 존재감을 내세우고 확인하려는 마음가짐을 놓아버리고 편안하게 들어서는 우리의 발길을 반길 듯하다. 엄마 품에 안기려는 어린아이를 품어주듯이.

초승달

나 어릴 적 가난하던 시절에는 텔레비전이 없어서 저녁을 먹고 난 후엔 작은 누나 손을 잡고 마당으로 나와서 의자에 앉아 밤하늘을 바라보는 일이 자주 치르는 일과이자 놀이였다. 그 무렵 누나가 밤하늘에서 여러 별자리를 가르쳐준 기억은 나지 않는다. 그저 은하수와 북극성과 북두칠성 정도였던 듯한데 별자리보다 중요한 확인은 좋아하는 별을 선택하여 자기 별로 삼는 일이었다. 누나와 별을 보는 날마다 선택하는 별은 제각각이었으니 어떤 별이었는지도 알 수가 없다.

별보다 자주 쳐다보는 대상이 달이었는데 달이 워낙 컸으므로 그리 한 듯하다. 나중에 초등학교에서 반달이란 노래를 배우면서 반달이나 초승달을 타고 가는 배로 간주하는 상상력이 그럴듯해 보였으나 나는 보름달을 좋아했던 듯하다. 이유는 아마도 보름달이 크고 충만해 보여서 빵이나 빈대떡 같은 먹거리로 받아들여 보고 싶은 마음 때문이었지 싶다.

보름달을 바라보면서 거울 같다는 생각을 해보기도 했다. 하늘에 둥실 떠오른 달에 내가 보고 싶은 대상을 거울에 비쳐 보이는 생각을 하고 싶었을 것이다. 말하자면 달은 그리움의 대상을 담아내는 손거울이었던 셈이다. 그리움의 대상이 가까이 있지 않으면 그리움이 더욱 커지고 절실해진다는 사실을 그 시절에는 몰랐으나 막연하게 먼 나라 풍경과 동화 속 등장인물들을 달 속에 떠올려보기도 했던 듯하다. 그런 그리움을 자연이 우리에게 살아가는 힘으로 제공해 준다는 사실을 깨달은 것은 머나먼 후일이었는데, 나희덕 시인의 「초승달」이라는 작품도 그런 그리움을 노래하고 있다.

오스트리아 마을에서
그곳 시인들과 저녁을 먹고
보리수 곁을 지나고 있을 때였다

갑자기 등 뒤에서 어떤 손이 내 어깨를 감싸쥐었다
나는 그 말을 알아들었다

그가 몸을 돌려준 방향으로 하늘을 보니
산맥 위에 초승달이 떠 있었다
달 저편에 내가 두고 온 세계가 환히 보였다

그후로 초승달을 볼 때마다
어깨에 가만히 와 얹히는 손 있다
저 맑고 여윈 빛을 보라고
달 저편에서 말을 건네는 손
다시 잡을 수 없음으로 아직 따뜻한 손

굽은 손등 말고는 제 몸을 보여주지 않는 초승달처럼

집안에 텔레비전을 들여놓았거나 생활이 분주하고 골목마다 불빛이 밝아지면서 밤하늘의 별이나 달을 바라보는 습관을 눈에서 놓아버리게 되었다. 이제는 도심의 높은 빌딩이나 밝은 조명에 가려 하늘에 떠 있는 달이나 별을 쳐다보지 못하고 지내는 습관이 우리네 일상이 되어버렸다. 한때는 떠나가 버린 누군가를 그리워할 수 있는 대상으로, 또는 잃어버리기 쉬운 삶의 길을 인도하는 손길의 역할을 감당하던 달빛의 역할도 사라져 버렸다. 그렇다면 달과 별을 거의 쳐다보지 않게 되어버린 지금 우리의 생활은 그리운 누군가를 가슴 속에서 잃어버리게 된 것은 아닌지, 또는 삶의 어둠 속에서 길을 잃고 방황하고 있는 것은 아닌지 모르겠다.

나희덕 시인이 외국에서 시인들과 자리를 함께 나눌 때 확인한 것도 그러한 그리움의 대상이었을 것이다. "등 뒤에서 어떤 손이 내 어깨를 감싸쥐었다"고 했는데, 그 손은 아마 "초승달"을 보라고 권유한 외국 시인의 마음을 담고 있었는지도 모른다. 아니 어쩌면 그 손은 나희덕 시인의 어깨를 비추는 "초승달"의 달빛이었는지도 모른다. 어쨌거나 그 손길은 시인이 잊고 살았던 그리움의 대상, "달 저편에 내가 두고 온 세계"를 돌아보게 만들어 주었다.

그런데 그리움의 대상은 "맑고 여윈" 모습을 간직하고 있다. 또는 "굽은 손등 말고는 제 몸을 보여주지 않는"다. 초승달이 보름달의 온전한 모습을 감추고 있는 모양을 "굽은 손등"에 비유하고 있는 셈이다. 그렇다면 자연 속에 있되 그 속에서 점점 사라져가는 그리움의 대상은 무엇일까? 그것은 바로 우리가 상실해가고 있는 온전한 존재의 모습이 아닐까? 우리가 문명의 편리와 이기 속에서 손을 놓아버린 그것, 우리는 버렸으되 차마 우리를 버리지 못하는 자연의 "여윈" 손길, 혹은 생명의 "굽은 손등"이 아직도 우리를 "감싸"고 싶어 하는 것은 아닐까?

바보 만복이

오래전 여름철에 전라남도 승주군의 선암사를 방문했던 적이 있다. 이름난 사찰은 들어가는 길에 나무숲이 울창하고 냇물이 흐르는 계곡이 있어서 법당에 들어서기도 전에 이미 수양이 된다는 믿음을 가진 바 있었는데 선암사야말로 그런 믿음을 충족시켜 줄 만한 계곡을 품고 있었다. 오래 걸어 들어가는 계곡 길을 따라 걷다가 너무 더워서 잠시 계곡물에 발을 담그게 되었다. 시원해진 몸과 여유로운 마음으로 주변 풍경을 둘러보는데 갑자기 발등이 간지러워졌다. 아래를 내려다보니 작은 물고기들 수십 마리가 내 발 주변에 모여들어 주둥이로 발등을 건드리고 있는 것이었다. 하도 신기한 광경이라서 물고기들이 도망치지 않도록 꼼짝도 안 하고 있었는데 계곡물이 워낙 차가웠던 터라 마침내 발을 꼼지락거릴 수밖에 없었다. 그런데 물고기들이 도망가기는커녕 움직이는 내 발을 따라오는 것이었다. 사람을 피하거나 겁내지 않는 그 물고기들의 몸짓이 너무 천진하게 여겨져 가슴이 먹먹해지고 말았다. 아마도 그 물고기들은 땀이 많이 나 있는 내 발등의 미생물들을 뜯어먹기 위해 나에게 몰려들었을 것이다. 하지만 사람을 경계하지 않는 그 물고기들의 순진한 모습이 자연을 대하는, 그리고 인생을 살아가는 내 마음가짐에 잔잔한 반성을 불러일으켰다. 정현종의 시 「바보 만복이」에는 그런 물고기와 어울리는 시골 소년의 모습이 표현되어 있다.

> 거창 학동 마을에는
> 바보 만복이가 사는데요
> 글쎄 그 동네 시내나 웅덩이에 사는
> 물고기들은 그 바보한테는
> 꼼짝도 못해서
> 그 사람이 물가에 가면 모두
> 그 앞으로 모여든대요
> 모여들어서
> 잡아도 가만 있고
> 또 잡아도 가만 있고
> 만복이 하는 대로 그냥
> 가만히 있다지 뭡니까.

예로부터 자연의 이치와 질서에 순응할 것을 가르쳐 온 도교에서는 '덕'을 숭상하였던바, '덕'의 이치야말로 이러한 바보 만복이의 행동과 통하는 것으로 여겨진다.

도교를 대표하는 경전인 『장자』의 「덕충부」에는 덕을 몸소 실천하는 인물들의 모습과 언행이 소개되고 있는데, 그 인물들은 대체로 몸이 불구라는 공통점을 보여준다. 유독 자주 등장하는 불구의 존재는 "올자(兀者)"라 불리며 제대로 걷지를 못하는 앉은뱅이이다. 중국에서는 "월형(刖刑)"이라고 해서 발꿈치를 베는 형벌이 있는데 올자는 바로 그런 형벌을 받은 사람이다. 중형에 속하는 벌을 받았으면서도 사람들의 존경을 받는 점으로 미루어 정치범으로 처벌을 받은 처지에 속한 듯하다.

장자는 왕태라는 이름을 가진 가상의 인물을 올자로 내세우며 그가 쌓은 덕의 증거를 "귀와 눈을 자취로 여기"는 태도에서 찾아내고 있다. 귀와 눈을 자취로 여긴다는 말은 듣고 보는 일에 마음을 빼앗기지 않는다는 뜻을 간직하고 있다. 세상잡사에 마음이 부화뇌동하지 않는다는 말이다. 장자는 그런 올자의 마음을 비유적으로 "사람은 흐르는 물에는 비춰 보지 못하고, 멈추어 있는 물에 비춰 보니 오직 멈추어 있는 것만이 제대로 멈출 수 있어 모든 것이 와서 멈춘다"고 표현하기도 했다. 이런 비유에 등장하는 "흐르는 물"과 "멈추어 있는 물"은 모두 마음의 상태를 담아내고 있다. 흐르는 물은 세파에 시달리며 흔들리고 변하는 마음가짐을 가리키며 멈추어 있는 물은 세파에 시달려도 고요하며 변치 않는 마음가짐을 가리키고 있다. 세파에 시달려도 마음이 흔들리지 않고 고요할 수 있는 까닭은 마음의 덕이 방파제 역할을 감당하고 있기 때문일 것이다.

일본의 뛰어난 사무라이에 관한 유명한 일화가 있는데 그의 능력을 검증하는 자리에서 문지방 위를 걷는 시범을 보여주었다고 한다. 사람들이 그의 행동에 비웃는 반응을 보이니 그는 절벽에 문지방과 똑같은 폭의 나무를 걸쳐놓고 그 위를 걸어서 건너는 능력을 보여주며 감탄과 인정을 받았다고 한다. 사무라이의 능력도 주위 환경에 마음이 흔들리지 않는 방파제를 구비한 것으로 보인다.

역사상 어느 시대보다도 우리의 마음을 뒤흔들고 미혹하는 사회환경에서 살아가는 우리가 만복이가 타고난 천진함과 올자의 고요한 마음을 이루는 덕의 속성을 따르기는 매우 어려울 것이다. 그것은 어쩌면 맑은 가을 밤하늘에 둥글게 떠오른 보름달을 가리키는 손가락 끝을 바라보는 시선으로 만족할 수밖에 없는 마음가짐일 수도 있으리라.

엉겅퀴

서양의 어느 고대 철학자는 '에로스(사랑)'를 아름다움에 대한 열정이라고 정의한 바 있다. 우리가 꽃을 사랑하면서도 야생화에 오랜 세월 눈길을 주지 않은 까닭은 야생화가 아름답지 않다고 평가해 버렸기 때문일 것이다.

우리는 화단이나 화분도 모자라 식물 전체에서 꽃줄기 부분만을 잘라내서 화병에 꽂아놓거나 꽃다발로 만들어서 아름다움을 사랑하는 마음의 본보기로 내세울 때가 많다. 창백하거나 병적인 아름다움의 감상법이다. 식물을 온전한 전체로 품고 감상하기보다 특정한 부분만 인정하려는 태도는 식성으로 말하면 편식증이며, 심리학적으로는 편집증에 가까워 보일 수도 있을 것이다.

현대에 오면서 인간에 대한 사랑조차 외모나 경제적 조건처럼 온전한 전체가 아니라 부분에 대한 집착으로 변질되어 가고 있는 것도 유사한 사례로 받아들여질 수 있으리라. 그런 점에서 야생화인 엉겅퀴를 노래한 다음의 시편을 주목해 보고 싶다.

재개발한다고 뜯은 자리마다
엉겅퀴들이 세우는 가시.
쫓겨난 마음의 터에 맨 먼저 자리 잡아
피우는 사나운, 보랏빛.
"그래 여긴 너희들 땅이 맞다"고, 아버지는 말한다.
거기 걸쳐둔 한 발을 빼려고 용쓰며.

제 씨앗들 바람길에 태워 보내는
그것들에게 폐허란 없다.
우리가 버린 곳마다 곧 떼 지어 사나운 생들 드러낸다.
그게 아버진 부러운 게다.

—「엉겅퀴」

엉겅퀴 같은 야생화의 아름다움이 주목을 받지 못한 까닭은 꽃의 크기보다 돋보이는 줄기와 이파리의 특징 때문이다. 뿌리까지 포함해서 어느 것 하나 쓸모없는 것이 없는 엉겅퀴의 존재가치를 무력화시킨 것은 바로 그것의 강인한 생명력이다. 창백한 아름다움을 주로 예찬하는 화초 관상가들의 눈에 엉겅퀴의 왕성한 생명력은 거칠고 부담스러운 식물로만 평가되었을 법하다.

그런데 징그러울 정도로 왕성하게 퍼지고 자라는 그 생명력이 가장 돋보이는 공간은 인간이 돌보지 않는 공간이다. 그것은 인간의 인위적인 손길이 미치지 않는 자연의 자리에서 가장 왕성한 생명력을 피워낸다. 아니, 오히려 인위적인 손길이 훼손해 놓은 자연의 자리에서 가장 굳건하게 살아남고 번식한다.

따라서 이하석 시인의 표현대로 엉겅퀴에게 "폐허란 없다". 엉겅퀴는 폐허를 생명의 자리로 부활시켜 놓는다. "재개발한다고 뜯은 자리"도 폐허라는 점에서 상징적이다.

현대문명의 개발이 폐허로 만들어놓는 자연의 공간을 엉겅퀴가 왕성한 생명력으로 되살려놓는 모양을 이하석 시인은 "사나운 보랏빛"이라고 규정한다. 엉겅퀴 꽃의 고슴도치같이 솟은 가시 꽃 모양 속에서 '분노'의 속성을 찾아내고 있는 셈이다. 그것은 고분고분하게 문명의 폐해를 수락하지는 않겠노라는 저항의 몸짓을 암시해 주고 있다. 사나우면서도 튼튼한 아름다움을 지닌 엉겅퀴를 사랑할 수 있는 마음이 진정한 에로스의 속성일 것이다.

산 밑 작은 호숫가에서

오래전 경기도 성남시 분당 공원묘지에 모신 아버님 산소를 가족과 함께 찾았다가 경이로운 체험을 했던 적이 있다. 아버님 산소는 공원묘지의 외곽지역 산비탈과 인접한 곳에 모셔져 있었다. 산기슭을 돌아 비탈진 곳으로 오르려는 순간 화드득, 하는 소리와 함께 순식간에 커다란 짐승 한 마리가 아버님 산소 왼쪽의 풀숲에서 튀어나오더니 언덕 너머로 종적을 감춰버리는 것이었다. 불과 이십여 미터 떨어진 거리에서 내 시선에 잠시 어른거렸던 그것은 고라니였다. 뒤로 쳐진 가족 일행이 당도하여 내가 목격한 상황을 들려주었으나 믿으려 하지 않았다. 아버님 산소를 그곳에 모신 지가 이미 수십 년이나 되었어도 그런 짐승을 목격한 적이 없을 뿐만 아니라 공원묘지가 자리 잡은 그 지역이 분당의 아파트촌으로 변모해 버린 터라 가족들의 불신을 무어라

탓하기도 어려웠다. 어쩌면 그 고라니는 야생이 아니라 근처 농원에서 우리 밖으로 뛰쳐나온 사슴이나 노루였을지도 모른다. 그러나 인위적으로 조성된 죽음의 자리에서 커다란 야성의 생명체와 마주친 체험이 안겨준 놀라움과 신기함은 지금까지도 실감을 안겨준다.

산 밑 작은 호숫가에서 보았지요
이른 아침 흠뻑 젖은 풀숲을 헤치고 가 보았지요
잎 진 엄나무 아래 땅속에서 막 올라오던 새끼 족제비 한 마리
낙엽을 헤치며 두 발 들고 올라오다 눈 딱 마주치고는 깜짝 놀라 숨었다가
조금 뒤 어찌할 수 없는 힘에 이끌린 듯
두리번두리번 고개 내밀던 아, 그 철없는 황갈색 영혼의 몸을

그때 저는 바스락대는 낙엽이거나
오랫동안 숨 멈추었다가
조용히 출렁대는 물결 같은 게 되고 싶었답니다

당신, 제가 숨 쉬는 것만으로도 기쁜
당신을 처음 만난 것처럼

—「산 밑 작은 호숫가에서」

내가 체험한 것처럼 전동균 시인도 그렇게 "산 밑 작은 호숫가에서" 마주친 생명체에 대한 경이로움을 절실하게 토로한다. 그것은 내가 마주친 짐승보다는 작고 어린 것이다. 오히려 작고 어리기에 그것은 경이로움을 넘어서 자연의 순수함과 천진함에 대한 공감을 더욱 불러일으킨다. 사람을 보고서도 경계심이나 두려움을 접고 "두리번두리번 고개 내밀던 아, 그 철없는 황갈색 영혼의 몸"에 대한 관심과 사랑이 시인으로 하여금 사람의 자취를 지워버리고 싶은 충동을 불러일으켰을 것이다. 그 철없는 생명의 순수함이 사람의 간섭을 받지 않고 본래의 모습대로 지켜질 수 있기를 원했기 때문이다. "저는 바스락대는 낙엽이거나/오랫동안 숨 멈추었다가/조용히 출렁대는 물결 같은 게 되고 싶었답니다"라는 고백도 그런 마음에서 비롯되었을 것이다. 그리고 그러한 마음은 인간을 포함한 자연의 모든 생명에 대한 그리움과 경외감으로 확장된다. 따라서 "당신"이라 불리는 존재는 모든 생명을 태어나게 한 어머니이기도 하고 우리가 늘 사랑하고 싶은 연인이기도 하다. "숨 쉬는 것만으로도 기쁜" 생명현상의 축복을 우리에게 나누어주는 존재야말로 우리의 근원적인 어머니이고 연인인 자연인 것이다.

저문 들판이 새들을 불러 모은다

내가 어릴 때 아버님께서는 가족들이 함께 나누는 식사 시간의 예절을 엄하게 가르쳤다. 밥을 먹을 때 음식물을 씹는 소리를 내지 않아야 하고, 대화도 나누지 말아야 하는데, 무엇보다도 중요한 원칙은 밥이나 반찬을 흘리지 말아야 하며 밥그릇이나 국그릇의 음식을 남겨서 안 된다는 점이었다. 그 당시에는 그런 원칙을 대부분 가정에서 지켰던 듯하다. 그런 원칙이 가난을 대물림하면서 살아온 살림 형편에서 비롯된 것으로만 생각되지는 않는다. 그런 엄격한 식사 예절의 근본에는 먹거리를 함부로 하지 않으려는 외경심이 자리 잡고 있었던 것 같다. 생명을 지켜주는 것의 가치를 훼손하지 않으려는 마음가짐일 것이다. 그런데 예로부터 우리네 농부들은 가을에 수확할 때 들판에 곡식 낱알들을 더러 흘려놓는 모습을 보여 오기도 했다. 가정의 식사 예절과는 사뭇 어긋나 보이는 행동인데 이런 관습을 생각하면 다음의 시편이 떠오르기도 한다.

추수 끝난 가을 들판이 새들을 불러 모은다
까치밥은 감나무에만 있는 게 아니라
저 휑한 들판에도 있었구나
짐짓 무심히 떨궈진 벼톨 하나가,
벼톨 하나의 온기가,
가장 높이 떴던 새들까지 끌어당긴다면
궁핍한 시절이다, 새삼
불빛들 두런두런 피어나고
긴 부리 짧은 부리 젓가락질 바쁜 나그네새와 함께
콕, 콕, 콕, 조아리며 연신
언 땅을 일구는 떼까치가 있다면
나, 농부들의 그 무심함으로 잠시
저문 들판을 바라보아도 되겠다
벼이삭은 들판에만 있는 게 아니라
차디찬 저 하늘에도 있었구나
저문 하늘에 드문드문 숨어 빛나는
별들을 바라보며 살아도 되겠다

—「저문 들판이 새들을 불러 모은다」

손택수 시인은 이 작품에서 먹거리를 바라보는 보다 중요한 이치를 주목하고 있다. 그 이치는 나의 생명을 보존하려는 욕망으로부터 타인의 생명을 보존하려는 욕망으로 마음을 넓힐 때 마련된다. 들판에 "떨궈진 벼톨"에서 "까치밥"의 속성을 찾아내는 시선이 바로 그런 이치를 찾아내고 있다. "벼톨 하나의 온기가,/가장 높이 떴던 새들까지 끌어당긴다면/궁핍한 시절이다"라는 표현 속에 그런 이치가 담겨 있다. "궁핍한 시절"의 놀라운 비밀은 타인에 대한 따뜻한 마음까지 발휘하게 만든다는 점에 있다.

우리는 가난한 사람들이 오히려 남을 돕는 일에 앞장서는 모습을 생활 주변에서 자주 목격한 바 있다. "가난한 자들은 복이 있나니 천국이 저희 것이요"라는 성경 말씀도 사실은 이렇게 나누고 베푸는 아름다움을 암시하고 있는 듯하다. 시인은 그러한 가난의 아름다움을 "새삼/불빛들 두런두런 피어나"는 마을의 모습이나 "저문 하늘에 드문드문 숨어 빛나는/별들"의 모습으로 그려 보이기도 한다. 소중한 양식을 따뜻하게 나누는 마음이 불빛이나 별빛으로 여겨지기에 "벼이삭은 들판에만 있는 게 아니라/차디찬 저 하늘에도 있었구나"라고 고백하는 것이다.

수단 방법을 가리지 않고 곡식의 수확량만 늘리려다가 대지를 황폐하게 만들고, 남아도는 곡식을 나누기보다 타인을 지배하는 무기로 삼으려는 선진국들의 횡포가 온 세계의 생명들을 위협하고 있다. 가난한 농사를 지으며 이웃은 물론 자연의 생명까지 배려하는 우리네 농부들의 너그러운 마음가짐이 더없이 그리워진다.

흙 속의 잠

도종환 시인이 문체부 장관으로 공직 생활을 하기 얼마 전에 문학 콘텐츠 지원 방안 토론회에서 그를 만났던 적이 있다. 그는 오랫동안 깊은 병에 시달려왔는데 얼마 전에 몸이 완쾌되었다는 소식을 접한 터라 이날 병이 낫게 된 비결을 물었더니 흙집 덕이라고 했다. 자포자기하는 마음으로 시골에 내려가 다른 사람이 지어놓은 흙집을 구해서 몇 년 살았더니 몸이 건강해지더라는 것이다. 그는 꽃의 수명에 대해서도 흙집의 신통한 기운을 알려주었다. 흙집에서 화병에 꽃을 넣어 두니 아파트에 거주할 때보다 몇 배나 오랫동안 꽃이 싱싱한 모양을 유지하더라는 것이다. 집이 숨을 쉰다고나 할까, 안팎의 공기가 통하고 흙에서 좋은 기운이 솟아나는 탓일 것이다.

구약성서를 비롯한 동서양의 신화들을 뒤적여보면 인간을 비롯한 생명체를 조물주가 흙으로 빚어내는 장면이 자주 등장한다. 흙에서 태어나서 흙으로 돌아가는 인간의 운명을 반영한 신화인 셈인데, 주거방식 또한 그런 이치를 따르는 바람에 원인불명의 난치병 치료 효과를 보았으리라는 생각이 들었다.

요즘 황토방에서 찜질을 하면 건강에 이롭다는 판단 아래 숯가마를 찾아가 고온 사우나를 즐기는 중년이나 노년층 인구가 늘어나고 있는데 아예 황토방에서 며칠 잠을 자는 건강 효과를 노래한 시편도 등장하고 있다.

붉은 흙방에서 며칠 잠을 자려 한다
온돌 위에 흙을 바르고 다듬고 말리고 또 흙을 바르기를 여러 번,
그 위에 얇게 콩기름을 칠한 다음
다시 여러 날 마르기를 기다려서 완성했다는 흙방

그 방에서 오래 이루지 못한 동그란 잠을 자려 한다
종이 한 장 깔지 않은 흙바닥을 이토록 매끈하게 만든 사람은
어떤 연장보다 빛나는 손을 가졌을 것이다
나는 자꾸 흙바닥을 만져본다

아무것도 잡히지 않는, 종이 한 장의 두께도 허락할 수 없는 결

곡함을

정신의 가파름으로만 받아들일 수는 없는 일이어서

거죽이 없는 것이 불편함은 아니냐고 물어보는 어리석은 짓을 하느라 몸을 오래 뒤척인다

부드러운 흙은 단단한 바닥이 되어 나를 기다린다

몸을 누이니 따스하고 붉은 흙기운이 등줄기를 타고 올라와

빈틈없이 몸을 받쳐준다

단단한 속은 또한 겉이기도 한 것을,

나는 거죽이나 껍질이 어디 있느냐는 두꺼운 장판 같은 물음 한 장 걷어버리고

흙 속을 파고드는 뿌리같이 희고 깊은 잠을 오래도록 자려 한다

—「흙 속의 잠」

조용미 시인은 평소에 깊은 잠을 자주 이루지 못하는지 흙방에서 "오래 이루지 못한 동그란 잠을 자려 한다"고 말한다. 동그란 잠은 인간이 태아 시절에 어머니 자궁에서 가장 편안하게 누리는 잠의 모양을 상징하고 있다. 그렇게 자궁 속의 잠을 흙방의 잠으로 비유하는 일은 흙과 연계된 창조 신화를 생각하면 참으로 그럴듯하다.

그런데 시인이 몸으로 느끼는 흙방의 비밀은 "단단한 바닥"

에 있다. “종이 한 장의 두께도 허락할 수 없는 결곡함”이라고 시인은 흙바닥의 속성을 판단해 보기도 한다. 인간의 몸과 흙이 만나는 비밀은 그렇게 중간에 가로막는 것이 없어야 한다는 뜻일 것이다. 흙방의 “단단한 바닥”은 또한 “단단한 속은 겉이기도 한 것”이라는 깨달음을 가져다주기도 한다. 겉과 속이 일치하는 흙의 속성에서 시인은 몸과 마음이 편안해지는 삶의 비밀을 찾아내기도 한다. “두꺼운 장판 같은 물음”은 우리가 도시 문명의 경쟁 관계에서 살아남기 위해 동원해야 하는 이중적인 삶의 태도를 뜻하고 있다. 마음속을 감춰주는 “두꺼운 장판” 같은 표정이 바로 이중적인 삶의 태도를 대표할 수 있을 것이다. 어쩌면 그런 이중적인 태도 때문에 생기는 스트레스가 우리를 잠 못 들게 하고 우리를 깊은 병에 걸리게 하는 것인지도 모른다. 그러므로 “흙 속을 파고드는 뿌리같이 희고 깊은 잠을 오래도록 자려” 하는 마음은 문명의 가식과 위선을 떨치고 우리의 삶을 어머니의 품 같은 태초의 상태로 돌이키고자 하는 소망에서 비롯되었을 것이다.

눈 내리는 날

첫눈이 내린다는 FM 라디오의 일기예보를 아침에 들었다. 요즘도 첫눈이 내리면 젊은 남녀들이 설레는 마음으로 서로 연락을 하고 고궁이나 교외로 나가 첫눈을 맞이하는지 모르겠다. 우리나라의 어떤 문학평론가는 산성 눈이 내리는 시대에 더 이상 어린아이들은 눈을 맞지 않고 시인들은 숲으로 가지 않는다고 자연의 생태계가 파괴되어 버린 현실을 탄식하기도 하였다. 하기는 눈이 오는 날 외출을 해보면 모든 사람이 우산을 펴 들고 내리는 눈을 피하는 태도를 보여준다. 차에 내린 눈이 말라붙은 자리에는 흙먼지 자국이 선연하게 남아있는 모양도 눈에 띄는 현실이 되어버렸다. 그런데도 아직 눈 오는 날의 설렘을 노래하는 천진한 시인이 있다.

소월 형

지용 형

당신네들 어렴풋이 알았을 거요

인류 맨 처음의 언어가

아아

였던 것

블레이크 형

횔덜린 형

당신네들 어렴풋이 알고 있었을 거요

인류 맨 마지막의 언어가

아아

이리라는 것

지금 내 머리 위에서

어미 아비 없는 푸른 하늘

어미 아비 없는

아아

아아

이 막무가내의 아이들이 나에게 펄펄 내려앉고 있소

저 하늘의 마지막 손수건인가보오

—「눈 내리는 날」

노년의 고은 시인은 아직도 "눈 내리는 날"의 설레는 마음을 토로하고 있다. 그 마음은 "아아"라는 감탄사에 집약되어 있다. 그 말이 "인류 맨 처음의 언어"이며 "인류 맨 마지막의 언어"라는 사실을 시인은 내세운다. 그 사실은 인간의 말이 가장 순수하고("처음의 언어"이니까) 가장 절실한("마지막 언어"이니까) 상태에 있을 때를 가리키고 있다.

그렇다면 가장 순수하고 절실한 언어의 상태란 어떠한 것일까? 그것은 아마도 삶의 어떠한 목적이나 이해관계를 내포하지 않는, 그리고 심지어는 의미조차 염두에 두지 않는 언어의 속성을 말하는 듯하다. 그저 온몸으로 느껴지고 마음으로만 받아들여지는 언어의 상태, 그런 속성을 시인은 "아아"라는 말에서 찾아내려고 하는 듯하다. 오랫동안 헤어졌던 그리운 사람을 예기치 않은 순간에 마주치게 되었을 때, 또는 가장 소중한 사람과 지상에서 작별을 고할 때도 우리의 가슴은 먹먹하고 아무런 생각도 떠오르지 않은 채로 "아아"라는 감탄사를 간신히 토해낼 수 있을 따름이기 때문이다.

그런 마음, 세상의 이해관계를 따질 줄 모르는 어린아이의 철없는 외침 같은 마음으로 시인은 "눈 내리는 날"에 자연과 마주치고 싶어 하며 자연의 품에 안기고 싶어 한다. 하얀 눈과 "푸른 하늘"을 동일시하려는 마음은 그렇게 문명의 때에 찌들어버린 우리의 삶을 닦아내고 싶은 무의식에서 비롯되었을 것이다. "나에게 펄펄 내려앉고 있"는 순백의 결정체를 "손수건"으로 바라보는 시선 속에 그러한 의지가 도사리고 있는 셈이다. 그런데 하필이면 "마지막 손수건"이라니. 나로서는 그것이 자연이 인간에게 베풀어주는 마지막 손길 같아서 마음이 아프고 두렵다. 스스로 인간이 거부해 버린 그 손길.

겨울 어느 날

너무 춥고 가혹한 현실 속에서 새해를 맞이한다. 오늘보다 내일이 더욱 힘들 것이라는 예측이 난무해서 새해 인사와 덕담을 나누기조차 어색하고 부담스럽다. 바깥 날씨보다 마음이 더 얼어버린 현실 속에서는 "겨울이 깊으면 봄 또한 멀지 않으리"라고 노래한 낭만주의 시인 셸리의 덕담도 위안이 되어주기 어렵다. 어쩌면 인생의 연륜이 깊어서 인생에 낭비할 지분이 없어져버린 사람만이 이렇게 혹독한 현실을 견뎌내는 마음가짐을 추스를 수 있을 듯하다. 그런 마음가짐을 원로 시인의 시 한 편 속에서 찾아내 보면 어떨까 싶다.

겨울 깊었어라

이 추위 막바지에

묽은 햇빛과 눅눅한 바람이
한 끝씩
빨래를 잡고 말린다

빛과 바람의
모세혈관이
섬유를 빗질하는 섬세한 소통을
처음으로 눈치 챈다

캄캄한 땅 속을
명주실 꿴 바늘처럼 기워흐르는
지하수도, 흐르다가
얼어 멈추었으련만

모래시계 안에서
가룻발 고르게 쌓이는
시간의 뼛가루는
유독
일념으로 움직이리라고……

이상하다

닫혀 있던 내 오관의
눈시울들이
한기 속에
홀연 잠을 깬다

—「겨울 어느 날」

김남조 시인은 이렇게 혹독한 계절 속에서도 살아 숨 쉬는 자연의 미세한 기척과 생명력을 찾아내는 일로 마음의 위안을 삼으려 한다. "추위 막바지에/묽은 햇빛과 눅눅한 바람이/한 끝씩/빨래를 잡고 말"리는 모양이라니! 아마도 겨울이라서 햇빛이 강력한 에너지를 품고 있지 못하리라. 그런 햇빛을 시인은 "묽은 햇빛"이라고 불러본다. 바람도 빨래를 잘 말릴 만한 건조한 바람이 아니라 "눅눅한 바람"이다. 그렇게 기운이 나직한 상태로 햇빛과 바람이 겨울 빨래를 말리는 현상을 시인은 주목하는 것이다.

얼어붙은 우리 마음 같은 겨울 빨래를 자연은 그렇게 햇빛과 바람이 함께, "한 끝씩" 감당하는 모습을 우리네 삶에 교훈처럼 보여준다. 너희 인간들도 그렇게 힘겹더라도 미력한 힘을 함께 나누어 고통과 슬픔을 당하는 이웃에게 베풀어 보라고. 그것은 몸과 마음의 모세혈관으로 스며드는 "섬세한 소통"의 모범을 보여준다.

자연의 생명력이 그렇게 일상의 사물들과 소통하는 이치를 깨닫는 순간 추운 겨울의 한기 속에 갇혀있던 우리네 몸과 마음도 미세한 변화의 조짐을 일으키게 된다. "내 오관의/눈시울들이/한기 속에/홀연 잠을 깬다"라고 시인이 노래한 내용이 그런 변화의 기척이다. 아마도 잠에서 깨어난 우리의 눈시울은 이 겨울에 살아내고 이겨내야 할 삶의 고통과 슬픔을 절실하게 느끼는 반응을 보여줄 것이다. 그러한 반응이야말로 가장 가혹한 현실과 마음의 겨울에도 살아있는 자연의 생명력을 우리의 삶에서 굳건하게 실현하는 방법일 것이다.

감자를 삶으며

한겨울의 추위를 녹이는 추억의 자리에는 화톳불이나 모닥불이 있다. 요즘에는 "불멍"이라고 부르는 취미생활이 있어서 다른 활동을 곁들이지 않고 그저 하염없이 타오르는 불길을 바라보는 즐거움을 만끽하는 젊은이들이 많다.

하지만 가난한 유년 시절을 보낸 우리 세대에게는 따뜻함의 자리를 곱절의 안락함으로 만족시켜 주는 방법이 바로 불과 어울리는 먹거리이다. 그중에서 화톳불의 추억을 정겹게 만들어 주는 것이 군밤이라면, 모닥불의 추억을 정겹게 만들어주는 것은 고구마나 감자일 것이다. 고구마나 감자의 정겨움은 모닥불에 둘러앉아 나누어 먹는 즐거움에서 비롯된다. 불 곁에서 군것질을 나누어 먹는 그 맛은 서둘러 먹을 수 없는 뜨거움이 오가는 정겨움을 지속시켜 준다. 뜨거움이 서로의 얼굴에 후후, 호흡을 불어대며 익살맞은 표정을 짓게 만드는 효과가 마음을 이어주고 입맛을 한층 북돋아 준다. 이런 먹거리의 풍경이 아니더라도 감자와 같은 음식은 다른 존재의 가치와 역할을 일깨우는바, 다음의 시편도 그런 사례에 속한다.

충남 당진의 깊은 산골로
선산이 옮겨간 뒤 수북한 잡초 속에
몇 기의 무덤이 앉아 있다.
그 발치 아래 자투리땅은 감자밭이다.

그곳에서 캐낸 감자 한 상자가
내가 사는 고층 아파트까지 올라왔다.
붉은 황토가 묻은 감자알들은
임부의 배처럼 튼실했다.
속에다가 무슨 희망을 잉태하고 있는지
모두가 크고 둥글었다.

가만히 들여다보다가 모골이 송연해졌다.
오랜 시간 땅속 깊숙이에서만
안으로 뭉쳤을 응집력 탓이다.
감자를 씻어 안쳤다.

그들이 삶아지는 동안 스탠 냄비에선
끝없이 한 방향으로 질주하는 시간들이
쉭쉭 소리를 내며 뚜껑을 날릴 듯이 덜컹댄다.
누가 머리통을 쿵쿵 치받는 것 같다.

드디어 익은 감자를 식히고 한입 베어 먹는다.
잘 익어 혀끝에 살살 녹는다.
몇줄의 시편도 이처럼 잘 익어
입에 녹는 맛이 있다면 얼마나 좋을까.
시는 생각이 둥글수록 잘 익은 놈이다.

—「감자를 삶으며」

노향림 시인의 시편에서 감자가 자라는 곳이 '무덤 근처 자투리땅'이라는 사실부터가 의미심장하다. 죽음의 자리에서 생명의 양식이 자라나다니. 무덤의 "붉은 황토"가 바로 죽음을 생명의 거름으로 바꾸어놓는 비결이다. 그러한 감자의 생명력은 "임부의 배처럼 튼실했다"는 주장에서 입증되고도 남는다. 아기를 가진 어머니의 배처럼 둥근 모양의 감자에서 시인은 삶의 "희망을 잉태하고 있는" 세상을 그려본다.

하지만 희망은 저절로 생겨나지 않는다. 희망은 어둠 속에서 고통을 먹고 자라나는 법이다. 시인은 감자가 자라나는 환경에서 그러한 속성을 찾아낸다. 무덤가의 척박한 자투리땅에서 그것도 "오랜 시간 땅속 깊숙이에서만/안으로 뭉쳤을 응집력"이 그것이다. 안으로 뭉쳤을 응집력이야말로 고통을 이겨낸 결실을 뜻한다.

감자의 뜨거운 맛을 빚어내는 비밀도 바로 여기에 있다. 그 비밀은 감자를 삶는 과정에서도 밝혀진다. "쉭쉭 소리를 내며 뚜껑을 날릴 듯이 덜컹대는" 움직임이나 "누가 머리통을 쿵쿵 치받는 것 같"은 느낌도 모두 고통을 견뎌내는 과정을 암시하고 있기 때문이다.

노향림 시인은 감자의 그러한 결실, 감자의 뜨거운 맛 같은 보람을 자기 작품도 일구어내기를 소망해 본다. 그러한 소망은 시인뿐만 아니라 혹독한 시대의 추위를 견뎌내고 싶은 우리 모두의 것이리라. 마지막으로 감자는 우리에게 이렇게 사는 방법이 삶의 희망이라고 일깨운다. 혼자가 아니라 서로 나누는 삶의 방법. 모닥불 곁에 둘러앉아 먹는 감자의 참맛이야말로 뜨거운 정의 나눔이라는 사실을 일깨우는 것이다.

허물

우리는 일상적으로 "다 저의 허물입니다."라는 말을 자주 사용한다. '허물'이라는 말은 그 경우에 '잘못'이나 '흠'을 뜻한다. 허물이라는 말이 '껍질'이라는 다른 뜻도 함께 간직하고 있는 까닭을 곰곰이 생각해 볼 필요가 있다. 껍질에 대한 선입견이나 고정 관념이 잘못을 뜻하는 허물이라는 낱말에 영향을 미쳤을 것이라는 생각이 들기도 한다.

껍질은 동식물의 경우에 본체를 보호해 주는 기능을 할 때가 대부분이다. 보호를 위하여 껍질의 색깔이나 모양이 위장이나 가장의 목적을 간직할 때도 많다. 게다가 동식물이 성장하면서 껍질을 벗어던지기도 한다. 마지막 경우가 껍질의 가치나 실속을 쓸모없게 간주해 버리는 결정적 단서로 작용하는 듯하다. 허물이라는 낱말이 그런 존재의 성격을 간직하고 있기 때문이다.

중요한 존재 가치는 버려지거나 바뀌지 않아야 한다고 믿고 있으므로 그렇다. 버려지거나 바뀌어야 할 경우라면 잘못된 것이거나 흠이라고 생각하는 고정 관념을 갖기 쉽기 때문이다.

그런데 그런 고정 관념에서 벗어날 수 있는 가슴 먹먹한 허물의 존재 가치를 다음의 시편은 밝혀주고 있다.

느티나무 둥치에 매미 허물이 붙어 있다
바람이 불어도 꼼짝도 하지 않고 착 달라붙어 있다
나는 허물을 떼려고 손에 힘을 주었다
순간
죽어 있는 줄 알았던 허물이 갑자기 몸에 힘을 주었다
내가 힘을 주면 줄수록 허물의 발이 느티나무에 더 착 달라붙었다
허물은 허물을 벗고 날아간 어린 매미를 생각했던 게 분명하다
허물이 없으면 매미의 노래도 사라진다고 생각했던 게 분명하다
나는 떨어지지 않으려고 안간힘을 쓰는 허물의 힘에 놀라
슬며시 손을 떼고 집으로 돌아와 어머니를 보았다
팔순의 어머니가 무릎을 곧추세우고 걸레가 되어 마루를 닦는다
어머니는 나의 허물이다
어머니가 안간힘을 쓰며 아직 느티나무 둥치에 붙어있는 까닭은
아들이라는 매미 때문이다

—「허물」

정호승 시인은 "느티나무 둥치에 매미 허물"이 잘 떨어지지 않는 속성을 간직하고 있다고 말하면서 그런 속성의 놀라운 존재 가치를 찾아내고 있다. "떨어지지 않으려고 안간힘을 쓰는 허물의 힘"에서 그는 자식에 대한 어머니의 사랑을 찾아내고 있는 셈이다. 자식이 어머니 몸체의 알맹이에 속하는 이치는 모든 인간이 어머니의 자궁에서 태어난다는 사실에서도 유추해 볼 수 있다. 자식에게 모든 생명력과 사랑을 주고 껍질로 남은 어머니의 존재를 시인은 "걸레가 되어 마루를 닦는" 모습에서 찾아내고 있다. 마치 걸레처럼 마루에 납작 엎드려있는 어머니의 모습에서 자식에게 모든 것을 바친 모성의 가치를 읽어내고 싶은 것이리라.

우리는 이러한 허물의 존재 가치를 인간에 대한 자연의 모습에서도 찾아낼 수 있다. 인간에게 좋은 주거환경과 먹거리를 제공해 주면서 스스로는 점점 황폐해져 가는 지구야말로 또 다른 허물처럼 보이기 때문이다. 인간이 만들어낸 모든 공해물질을 자연의 정화 능력으로 감당해야만 하는 지구의 모습 또한 걸레가 되어 마루를 닦는 어머니의 모습과 달라 보이지 않는다.

그렇게 자식에 대한 사랑으로 자청해서 허물이자 걸레가 되어버린 어머니가 돌아가시고 나서야 자식들은 가슴을 치면서 자신의 무관심과 잘못을 후회한다. 우리는 지구라는 자연환경에 대해서도 똑같이 돌이킬 수 없는 잘못과 후회를 감당하게 될 것이다. 신약성서에 나오는 "돌아온 탕자"처럼 더 늦기 전에 우리가 어머니 자연의 품으로 돌아올 수 있었으면 좋겠다.

머나먼 돌멩이

대체로 성경을 비롯한 경전의 첫 부분에는 인간을 포함한 삼라만상의 탄생 과정이 서술되어 있다. 그런데 그 내용을 곰곰이 되새겨보면 삶의 중요한 비밀이 하나 더 담겨 있음을 깨닫게 된다. 그 비밀이란 바로 시간의 운행 질서다. 삼라만상의 시작에서 인간의 탄생은 대체로 마지막 부분에 자리 잡고 있을 때가 많다는 사실이 그러한 운행 질서의 비밀인 셈이다.

시간의 순서나 크기에서 인간의 삶이 차지하는 위치가 그렇게 대수롭지 않다는 사실을 경전이 기록해 놓은 이치가 이 시대에 새삼스러운 까닭은 인간이 그러한 시간의 질서를 거스르는 문명의 특징과 내용을 만들어내고 있기 때문이다. 그중에서도 현대문명이 압도적으로 과시하는 특징인 속도감이야말로 삼라만상을 이끄는 시간의 운행 질서를 파괴하고 위반하는 주범이랄 수 있다. 그런 점에서 자연의 돌멩이에 부여된 시간을 주목하는 이덕규 시인의 상상력을 살펴보는 일은 예사롭지 않은 깨달음을 던져주는 효과를 발휘한다.

흘러가는 뭉게구름이라도 한번 베어보겠다는 듯이 깎아지른 절벽 꼭대기에서
수수 억 년 벼르고 벼르던 예각의
날 선 돌멩이 하나가 한순간, 새카만 계곡 아래 흐르는 물속으로 투신하는 걸 보았네

여기서부터 다시 멀고 험하다네

거센 물살에 떠밀려 치고 받히며 만신창이로 구르고 구르다가
읍내 개울 옆 순댓국 밥집 마당에서
다리 부러진 평상 한 귀퉁이를 다소곳이 떠받들고 앉아 있는 닳고 닳은 몽돌까지

—「머나먼 돌멩이」

우선 "절벽 꼭대기에서/수수 억 년" 매달려있던 "돌멩이 하나가 한순간, 새카만 계곡 아래 흐르는 물속으로 투신하는" 모양이야말로 인간의 짧은 생애와 비교될 만한 연상 효과를 보여준다.

그런데 돌멩이의 생애는 그것으로 끝나지 않는다.

돌멩이는 “거센 물살에 떠밀려 치고 받히며 만신창이로 구르”는 과정을 겪어내고 마침내는 “다리 부러진 평상 한 귀퉁이를 다소곳이 떠받들고 앉아 있는 닳고 닳은 몽돌”의 모습으로 변화된다. 그렇게 오랜 세월을 기다리고 시달린 과정 끝에 맞이하는 삶의 결과가 보잘것없는 겸손과 봉사의 자리라는 사실을 상기시켜 주는 시인의 상상력은 돌멩이의 기나긴 세월에 비해 한없이 짧은 인간의 삶이 추구하는 오만과 이기심을 반성하게 하는 효과를 만들어낸다.

인류보다 크고 장구한 자연의 존재가 오랜 세월의 기다림 끝에 인류에게 봉사하는 이 아름답고 절실한 장면이야말로 지극히 종교적이라 아니할 수 없다. 마치 성경이나 불경에 등장하는 위대한 성인의 생애를 구현하는 듯한 감동을 안겨주는 것이다. 그러면서 그 감동은 연달아 부끄러운 반성을 우리에게 불러일으키기도 한다. 성인의 큰 존재가 오히려 작은 존재를 오랜 세월 동안 섬기는 이러한 자연의 이치를 외면하며 오로지 찰나적이면서 하잘것없는 욕망을 성취하는 일에 매진하는 우리네 일상의 어깻죽지를 죽비로 내려치는 것이다. 어리석은 미몽에서 깨어나라고.

빌려줄 몸 한 채

오래전에 세상을 떠난 김수환 추기경에 대한 별명 중에 "바보"라는 호칭이 있다. 김수환 추기경이 스스로 자기를 그렇게 불렀으며, 직접 그린 자화상에도 "바보야"라고 썼다. 자기를 낮추는 정도가 아니라 거의 멸시나 욕으로 사용되는 낱말을 자기 별명으로 사용한 파격의 영향 때문인지 그는 더욱 세간의 주목과 존경을 받게 되었다. 앉은뱅이와 같은 불구의 몸이나 바보와 같은 천진함을 가장 지혜로우며 덕의 높은 경지에 이른 성인으로 평가한 종교는 장자의 도교이다.

바보의 덕성이 간직한 장점을 여러 가지로 헤아려볼 수 있으나 가장 중요한 특징은 마음을 낮추고 누구에게나 경계심을 내색하지 않으면서 마음을 열어 보이는 태도일 것이다. 그런데 마음을 낮추고 느슨하게 열어 보이는 삶의 자세는 또 다른 비밀을 간직하고 있을 법도 하다. 김선우 시인은 그런 마음의 비밀을 독특하게도 배추의 모양과 기능에서 찾아내고 있다.

속이 꽉 찬 배추가 본디 속부터
단단하게 옹이지며 자라는 줄 알았는데
겉잎 속잎이랄 것 없이
저 벌어지고 싶은 마음대로 벌어져 자라다가
그 중 땅에 가까운 잎 몇 장이 스스로 겉잎 되어
나비에게도 몸을 주고 벌레에게도 몸을 주고
즐거이 자기 몸을 빌려주는 사이
결구(結球)가 생기기 시작하는 거라
알불을 달듯 속이 차오는 거라
마음이 이미 길 떠나 있어
몸도 곧 길 위에 있게 될 늦은 계절에
채마밭 조금 빌려 무심코 배추 모종 심어본 후에
알게 된 것이다
빌려줄 몸 없이는 저녁이 없다는 걸
내 몸으로 짓는 공양간 없이는
등불 하나 오지 않는다는 걸
처음 자리에 길은 없는 거였다

—「빌려줄 몸 한 채」

밭에서 자라는 배추의 모양을 보면 "벌어져" 있다. 게다가 "그 중 땅에 가까운 잎 몇 장이 스스로 겉잎"의 역할을 감당한다. 바닥으로 몸을 낮추어 지저분해지고 나중에는 버려지는 형편까지 감수해야 하는 것이 그런 겉잎의 속성이다.

그런데 그렇게 별 볼 일 없는 겉잎의 놀라운 능력을 시인은 찾아낸다. 몸을 벌리고 낮추는 사이에 "나비에게도 몸을 주고 벌레에게도 몸을 주"면서 배추 안에 둥근 결실, "결구(結球)가 생기"는 이치를 주목하는 것이다. 샛노란 배추의 속 부분을 만들어내는 결실이 "겉잎"의 자기희생에서 비롯된다는 사실을 강조한 후에 그런 희생의 과정을 "빌려줄 몸"이라고 부르며 "내 몸으로 짓는 공양간"에 비유한다.

우리는 스스로 늘 배추의 속 같은 존재가 되기를 바란다. 그러면서도 더럽고 버려지는 겉잎의 역할을 떠맡기는 거부한다. 그러나 겉잎의 섬김과 봉사가 없는 삶의 결실은 없다는 사실을 배추의 성장 과정은 가르쳐준다.

김선우 시인은 그런 실감을 "빌려줄 몸 없이는 저녁이 없다는 걸/내 몸으로 짓는 공양간 없이는/등불 하나 오지 않는다는 걸" 깨우치는 것이라고 노래한다. 스스로 바보 노릇 하기를 회피하고, 남의 바보 노릇을 깔보는 나의 마음가짐을 후려치는 깨달음의 노래인 셈이다.

그의 말

교육방송국 텔레비전에서 가장 인기 있는 프로그램은 〈세계 테마 기행〉이다. 세계의 수많은 국가를 여행하면서 아름다운 풍경에 고유한 역사와 문화를 곁들여 소개하는 이 프로그램은 우리나라에 해외여행 붐을 일으키는 데 크게 영향을 미쳤을 것이다. 이 프로그램을 자주 볼 때 유독 내 시선을 사로잡는 장면은 아름다운 자연 풍경보다 독특한 원주민들의 생활풍속이다. 여행 프로그램에서 보여주는 자연 풍경이 너무 아름답거나 규모가 큰 특징에만 집중된 탓이기도 하다. 그런데 서로 다른 생활풍속을 보여주는 원주민들의 모습, 특히 외부 여행객들의 발길이 자주 닿지 않는 오지에서 살아가는 가족들의 생활 모습이 마음을 뭉클하게 만든다.

그들은 대부분 비좁고 초라한 공간에서 가족이 함께 먹고 자는 생활 모습을 보여준다. 심지어는 소나 양과 같은 가축들이 같은 공간에서 지내기도 한다. 그런데 별다른 반찬도 없이 양도 부족한 음식을 나누어 먹는 그들의 모습에서 짜증과 원망의 표정을 찾아내기는 어렵다. 그들은 조용히 자신에게 나누어진 음식을 정성스럽게 먹는다.

나는 그러한 자족과 평안의 분위기를 만들어내는 원동력이 자신만 돌아보지 않는 마음가짐에서 비롯되었다고 생각한다. 자기보다 오히려 가족이나 친척과 이웃이라는 공동체를 존중하고 서로의 관계를 돌아보며 함께 어울리는 마음가짐이 물질의 결핍을 채워주는 역할을 감당하는 것으로 보인다.

그런데 이런 마음가짐은 인간의 공동체를 넘어서 인간과 자연의 관계까지 아우르는 영역으로 확장되는 이치를 간직하고 있기도 하다. 다음의 시편은 그런 관점에서 읽힐 만한 내용을 표현해 준다.

산에 대해 말하려면
먼저 숲을 말하고
숲에 대해 물어보면
먼저 새를 말하고
새에 대해 말하려면
먼저 울음에 대해 말하고

울음에 대해 물어보면
먼저 물에 대해 말하고
물에 대해 말하다보면
어느새
산 아래 내려와 있을 것이다

내 이야기는
이것으로 끝이다
나머지는 눈부시게 피어나는
저 나무들에게 들으시기 바란다

—「그의 말」

천양희 시인은 산에 대하여 말하면서 자연을 함께 구성하는 관계 속에서 살펴보려고 한다. 구태여 불교의 '연기론(緣起論)'을 들먹이지 않더라도 자연의 모든 존재는 외따로 가치를 내세우거나 보여주는 법이 없기 때문이다. 그렇게 서로 인연을 맺고 있는 자연의 이치를 캐다 보면 인간은 스스로 무시하거나 깨닫지 못했던 삶의 깊은 속성과 가치를 발견하게 된다.

무엇보다도 이 작품에서 그러한 발견의 이치가 겸손함으로 나아가는 과정을 눈여겨볼 필요가 있다. 산에 대해 따져보기 위하여 산을 찾는 마음이 산보다 작은 지체들끼리 어울리는 존재

이치를 살펴보는 마음으로 나아가다가 "어느새/산 아래 내려와 있"는 마음을 초래하고 있기 때문이다.

그런데 겸손함으로 나아가는 과정보다 더욱 주목해야 할 것은 관계의 근원으로 나아가는 과정을 표현하고 있는 내용이다. 울음에서 물과의 관계를 찾아내고, 마침내 "산 아래 내려와 있"는 마음을 찾아내는 이치가 그렇다. 그리고 겸손함과 근본으로 나아가는 과정이 어울려 마침내 생명의 찬미에 이르는 결과를 더욱 눈여겨보아야 할 것이다. "나머지는 눈부시게 피어나는/저 나무들에게 들으시기 바란다"는 법정 스님의 말씀이 바로 그것이다. 존재가 서로 맺는 인연의 소중한 가치를 일깨우고 있는 셈이다. 녹음이 짙어가는 초여름의 "산"에서 존재들끼리 어울리는 생명의 소중한 인연을 찾아내고 기리는 마음을 우리가 가꾸었으면 좋겠다.

바다, 받아

옛날부터 바다는 남자들의 세계였다. 그리스 문학 작품을 대표하는 호머의 『오디세이아』에는 바다로 진출하여 전쟁에 참여하고 트로이를 정복한 후에 고향 이타카로 돌아오는 오디세우스의 이야기가 담겨 있다. 고향으로 돌아오는 오디세우스를 고난에 처하게 만든 바다의 신은 또한 포세이돈이라는 남성 신으로 설정되어 있는데 그는 신의 제왕인 남성 신 제우스에 버금가는 권력을 장악했다고 적혀 있다. 이러한 신화의 배경에는 바다를 모험과 정복의 수단으로 삼는 남성들 중심의 가부장적인 권력 욕구가 자리 잡고 있다.

반면에 오디세우스의 아내인 페넬로페는 집에서 물레로 천을 짜면서 남편 오디세우스를 수십 년의 세월 동안 하염없이 기다리며 그리워하는 수동적인 삶의 모습을 보여준다. 여성들은 집

밖을 나서는 모험의 세계에 동참할 권리를 부여받을 수가 없었기 때문이다. 바다를 남자의 세계로 인정하는 태도는 불과 얼마 전까지만 해도 군함과 상선에 여자를 태우는 일을 금기로 삼았던 사례에서도 입증이 된다. 여성은 정복의 대상이지 주체가 될 수는 없었던 셈이다.

그런데 유안진 시인은 이러한 바다의 세계를 다른 입장에서 바라보고 있다. 그녀는 다음의 시편에서 바다에 모험과 정복의 개념이 아니라 생명 창조의 개념을 도입하면서 여성성의 세계를 펼쳐 보인다.

우주의 첫 생명체가 비롯되었다는
아프로디테가 태어났다는
바다에, 밀물이 들고 있다
뜨거운 것이 짜가운 것이
뜨겁고도 쓰라리게 목젖까지 차올라
어머니! 외마디가 터져 나왔다
산에 묻힌 어머니(母)를 바다(海)에서 부르다니
하해(河海) 같은 어머니라고 그랬나
세상의 강물이란 강물을 다 받아주어서
세상의 무엇이나 다 받아주어서
아무리 받아도 넘치지 않는 바다는

천만 가지 세상 높낮이를 다 받아주어 바다이지

천만 가지 이름으로 천만 번을 불러도

다만 바다일 뿐

눈물(?)로 받아주는 어머니(母)가 있어서

바다(海)이지.

—「바다, 받아」

무엇보다도 바다를 "우주의 첫 생명체가 비롯되었다는/아프로디테가 태어"난 곳으로 인정하는 생각이 그렇다. 바다를 '자궁'의 공간으로 인정하는 셈이다. 바다와 자궁은 모두 물로 채워져 있다(자궁의 양수가 그렇다)는 공통점을 가지고 있기도 하다.

그뿐만이 아니다. 유안진 시인은 바다의 속성을 공격하고 정복하는 개념이 아니라 모든 존재를 포용하는 개념으로 상상해 보기도 한다. "하해(河海) 같은 어머니"라는 말, "세상의 무엇이나 다 받아주어서/아무리 받아도 넘치지 않는 바다"라는 말이 그렇다. 게다가 시인은 동음이의어의 말장난을 통해 바다가 지닌 포용의 속성을 강조하고 있기도 하다. "받아주어 바다이지"라는 말장난이 그렇다.

그런데 모든 것을 받아주는 일은 얼마나 힘들고 어려울까. 시인은 그러한 태도의 어려움을 알기에 바다의 한자어〔海〕를 풀어서 "눈물(?)로 받아주는 어머니(母)"라고 불러본다.

그렇게 바다가 감당해야만 하는 어머니로서의 고통은 점점 커져서 오늘날에는 더 이상 감당할 수 없는 상황에 이르렀다는 느낌이 든다. 해마다 장마철이면 홍수 때문에 강에서 바다로 얼마나 엄청난 양의 쓰레기들이 유입되고 있는가. 비행기를 타고 태평양을 횡단하다 보면 한반도 면적보다도 큰 거대한 쓰레기가 떠돌아다니는 충격적인 장면을 목격할 수 있다고 한다. 그야말로 쓰레기의 대륙이 하나 생겨난 셈이다. 바다라는 어머니의 가슴에 인류가 만들어놓은 커다란 상처가 치유될 수 없을 만큼 커지고 있는 셈이다. 어머니의 생명력으로는 더 이상 포용하기 어려울 정도로.

고로쇠나무의 마지막 봄날

산에 오르거나 도심의 공원에서 산책할 때마다 우리의 시선은 수목과 화초의 줄기나 꽃봉오리를 향할 때가 많다. 녹색이나 화려한 색상으로 우리의 심신을 달래주거나 아름다움으로 우리의 마음을 사로잡는 그것들이야말로 자연의 몸체와 생명현상을 대표하는 존재이다. 그런데 가만히 생각해 보면 수목과 화초의 모양을 잡아주고 생명을 유지해 주는 역할을 하는 것은 우리의 눈에 띄지 않는 곳에 자리 잡은 뿌리라고 할 수가 있다.

내가 어렸을 때 우리 어머니는 하루 종일 어두운 재래식 부엌에서 일하실 때가 많았다. 허리를 굽히고 밥을 하거나 반찬을 만들고 설거지를 하는 어머니의 생활에서 편하게 휴식을 취하던 모습을 기억해 내기는 어렵다. 심지어 어머니는 식사도 가족들이 상을 물리고 난 뒤에 어두운 부엌에서 선 채로 하실 때가 많았다. 어머니가 남몰래 부엌에서 눈물짓던 모습도 떠오른다.

어두운 재래식 부엌에서 땀과 눈물로 하루를 분주하고 외롭게 보내시던 어머니의 모습이 이제 생각해 보니 수목이나 화초의 뿌리와 같아 보인다. 식물이 줄기를 키우고 꽃을 피우며 열매를 맺기까지 땅속 어두운 곳에서 모습을 감추고 물과 영양분을 빨아올려 공급하는 뿌리의 역할과 어머니의 가족에 대한 희생적 사랑이 흡사해 보이는 것이다. 그런 모성애를 묘사한 시편을 살펴보도록 하자.

그 골짜기에서, 지난 여름 태풍에 목이 부러진 고로쇠를 보았다. 부러지며 찢겨 둥치에 매달린 채 쓰러진 나무는, 머리채를 땅바닥에 퍼지른 채 엎어진 덩치 큰 여자 같았다. 안간힘을 다해 모진 비바람을 견뎌냈던 이파리들은 창졸간에 누렇게 말라들며 제 어미의 몸에서 가녀린 손목들을 놓아버렸다.

겨울 가고, 다시 온 봄날은 그러나 어쩔 수 없어서, 부러진 둥치로도 살아남은 뿌리는 하염없이 수액을 제 슬픔인 양 밀어올리는 것. 수액이 목메도록 차오른 둥치, 부러진 부위에서 맑은 수액을 게워내어 제 몸통을 적신다.

죽어가는 고로쇠나무 둥치가 꺼져가는 마지막 호흡으로 길어올리는 눈물…… 덧없이 짧은 봄날만 아니라면, 마냥 저리 장엄하지 않으리라.

—「고로쇠나무의 마지막 봄날」

여름 태풍에 고로쇠나무의 둥치가 부러졌어도 나무의 몸체에 대한 사랑을 포기하지 못하고 혹독한 겨울을 이겨내며 저장한 수액을 초봄에 하염없이 나무둥치로 길어 올리는 뿌리의 생명현상은 자식 같은 나무 이파리들을 잃고도 포기하지 못하는 어머니의 가없는 사랑과 슬픔을 연상시킨다. "수액을 제 슬픔인양 밀어올리는 것"이야말로 자연과 어머니를 하나로 잇는 생명력과 연민의 힘일 것이다.

대지인 어머니, 지구인 어머니가 잉태하고 낳아서 키워온 자연의 생명체는 무수하다. 그중에 인간은 거의 막내둥이에 불과하다. 지구의 나이를 24시간으로 간주할 때 인간의 나이는 겨우 3초에 불과하다고 한다. 그런데 겨우 3초에 불과한 막내둥이가 아주 몹쓸 망나니짓을 벌여서 무수한 지구의 형제자매들을 상처 입히고 죽이는 재난을 만들어내고 있다. 그런 재난을 겪어내며 "죽어가는 고로쇠나무 둥치가 꺼져가는 마지막 호흡으로 길어 올리는 눈물"이, 그 "덧없이 짧은 봄날"의 눈물이 환경 대재난을 예감케 하는 오늘의 현실에 대한 지구인 어머니의 마지막 슬픔이나 절망이 아니었으면 좋겠다.

따뜻한 흙

대부분 식물은 일반적인 이름과 '학명(Scientific Name)'을 간직하고 있다. 일반적인 이름은 지역이나 생활 환경에 지어진 이름으로 여러 가지로 사용된다. 학명은 국제적으로 인정받는 명칭이며 주로 라틴어를 사용하고 있다. 따라서 식물이 고유한 환경에서 자라나는 특징을 파악하려면 학명보다 일반적인 명칭을 살펴보는 일이 필요하다.

야생화 씨앗 중에 '도둑놈의갈고리'라고 하는 일반 명칭을 간직하고 있는 것이 있다. 씨앗 표면에 갈고리 같은 가시가 달려 있는데 그 모양이 꼭 도둑놈이 남의 집에 침입할 때 들키지 않으려고 발뒤꿈치를 들고 있는 것과 흡사하다고 하여 붙여진 이름이다. 씨앗의 이러한 모양과 기능은 환경 조건이 좋은 먼 곳까지 이동하여서라도 살아남으려는 생명력의 표현일 것이다. 도둑놈의갈고리는 갈고리 모양의 가시 때문에 사람의 옷에도 잘 들러붙는다. 조은 시인은 그렇게 몸에 묻어온 씨앗을 살펴보며 자연과 어우러지는 삶의 이치를 다음과 같이 노래한다.

잠시 앉았다 온 곳에서
씨앗들이 묻어 왔다

씨앗들이 내 몸으로 흐르는
물길을 알았는지 떨어지지 않는다
씨앗들이 물이 순환되는 곳에서 풍기는
흙내를 맡으며 발아되는지
잉태의 기억도 생산의 기억도 없는
내 몸이 낯설다

언젠가 내게도
뿌리내리고 싶은 곳이 있었다
그 뿌리에서 꽃을 보려던 시절이 있었다
다시는 그 마음을 가질 수 없는
내 고통은 그곳에서
샘물처럼 올라온다

씨앗을 달고 그대로 살아보기로 한다

—「따뜻한 흙」

조은 시인은 자기 몸에 달라붙어 있는 씨앗이 마치 시인의 몸을 대지로 인정해 주는 상상을 해 본다. 그리하면 시인의 몸이 흙이 되어 씨앗을 품어주고 자라나게 해주는 관계가 생겨난다. 조은 시인이 여성이라는 점에서, 그리고 예로부터 대지의 신을 '가이아(Gaia)'라고 하는 여성 신으로 불러왔다는 점에서 이러한 상상은 자연스럽다. 아니, 구태여 여성이 아니더라도 인간의 몸이 본래 흙으로 빚어졌다는 창조 신화나 생명 있는 것들의 자연 친화력을 떠올려보면 이러한 연상은 그럴듯하다. 그리하여 시인은 "씨앗들이 내 몸으로 흐르는/물길을 알았는지 떨어지지 않는다"라고 상상해 보기도 한다.

그런 다음에는 자기 몸이 간직한 생명력의 상태를 점검해 본다. 점검의 결과는 실망스럽다. "잉태의 기억도 생산의 기억도 없는/내 몸이 낯설"기 때문이다. 잉태와 출산의 능력을 간직하고 있는 여성의 생명력을 존중하고 적극적으로 실현하지 못한 자기 삶에 대한 반성인 셈이기도 하다. 그러므로 그녀는 "다시는 그 마음을 가질 수 없는/내 고통은 그곳에서/샘물처럼 올라온다"라고 탄식한다. 그렇다고 해서 자기 몸과 삶을 불모의 상태로 방치할 수는 없기에 "씨앗을 달고 그대로 살아보기로 한다"라고 고백한다. 나이를 점점 먹어갈수록 인간의 생명력은 약해지지만 그럴수록 절실하게 그리워지는 자연의 생명력에 대한 마음을 표현한 것이다.

목탁 13 - 갈치

차창룡 시인은 대학에서 시를 가르치며 왕성한 창작활동을 펼쳐 보이다가 중년의 나이에 돌연 출가하고 승려가 되어 세간의 주목을 받았다. 일찍이 인도를 여러 차례 여행하고 인도를 사랑하는 모임까지 만들며 인도 문화와 종교에 깊은 관심을 보이더니 마침내는 불교에 귀의하게 된 것이다. 이번에 소개하는 작품은 출가하기 10여 년 전에 출간된 시집에 수록된 것인데 "목탁"이라는 연작 시편의 제목에서부터 훗날 자신이 선택하게 된 인생행로를 예감하게 만들어서 의미심장하게 여겨진다.

갈치는 온몸의 보습날로 쟁기질하네
쉴 새 없이 쟁기질 당하는 바다의 밭에서
미역이 솟아오르네 배부른 식인상어가

저 뭍 햇빛의 먹이가 되네 쉬지 않고 갈치는
은빛 칼날을 휘둘러 바다에 구멍을 내네
바다의 구멍에서 해삼이 기어나와
바람으로 조각나네 저 뭍 구름의
꼬리가 되네 갈치는 구름의 꼬리를 자르면서
바닷속으로 빠지네 바닷속으로 빠지는
갈치를 후려치며 바다는 용솟음쳐 칼날을 갈아주네
날카로울 대로 날카로워져 갈치는
날카로움의 입자로 뭉쳐진 부드러운 구름이 되네
구름을 자르네 구름을 자르면서 자르면서 갈치는
구름의 거름이 되네 거름 속에는 사람들이
생명이라 할 수 없는 생명들이 썩어가고 있네
썩어가네 갈치는 썩어가는 거름을 자르면서
자르면서 자르면서 썩어가는 갈치의 거름이 되네
사람이라 할 수 없는 사람들의 내장에서
생명이라 할 수 없는 생명들의 내장에서
내장을 가르며 사람이라 할 수 없는 사람들의
생명이라 할 수 없는 생명들의 내장이 되네
내장 속에서 내장 속에서 내장을
갈치의 내장을 가르며 갈치는
갈치가 되네 갈치 속에서 은빛 새떼 솟구쳐올라

갈치의 칼날에 부서지네 산산이 아름다이
갈치는 갈치를 온전히 토막내서 비로소 은빛 새떼
곤두박질쳐 온전히 갈치가 되네 산산이 아름다이

―「목탁 13-갈치」

요즘은 한창 갈치가 수확되는 시기이다. 여러 차례 텔레비전을 통해서 남해에서 낚시로 갈치를 잡아 올리는 장면을 목격한 바 있다. 특히 제주도의 근해에서 잡아 올리는 은갈치는 선명한 은색과 어울리는 등지느러미의 움직임이 너무나도 환상적이어서 마치 우리가 별천지에 초대된 듯한 느낌을 가져다주었다. 어떤 화려한 검무(劍舞)의 동작으로도 따라잡을 수 없는 그 아름다운 몸동작을 차창룡 시인의 시선도 놓칠 수 없었던 모양이다. 바다에서 날뛰는 갈치의 생동하는 은색 몸놀림을 "온몸의 보습날로 쟁기질하네"라고 표현하고 있다. 갈치가 움직일 때마다 바다가 날카로운 갈치의 몸놀림에 "수없이 잘리네"라고 느끼는 마음은 우리 모두에게 실감을 안겨준다.

그런가 하면 갈치가 낚시에 걸려서 수면 위쪽으로 차고 올라오는 동작이 바다에 떠 있는 "구름의 꼬리를 자르면서"라고 묘사한 대목의 실감도 생생하기는 마찬가지다. 아마도 구름의 흰색과 갈치의 은색이 이루는 조화, 그리고 무엇보다도 함께 허공에 떠오른 자태가 시선을 사로잡았을 것이다.

바다의 파도가 "용솟음쳐 칼날을 갈아주네"라는 표현도 기발함으로 마음을 사로잡기는 마찬가지다. 갈치의 생동하는 움직임은 마치 땀 흘려 밭을 가는 농부의 몸짓처럼 보인다.

그런데 시인은 그렇게 살아 움직이는 갈치의 자태만 주목하고 있는 것이 아니다. 죽어서도 젓갈이 되어 스스로 몸을 보시하는 갈치의 역할을 찾아내고 있기 때문이다. 더구나 그 시선이 예사롭지 않은 까닭은 갈치가 몸을 보시하는 인간의 암울한 모습이 함께 풍자되고 있기 때문이다. "사람이라 할 수 없는 사람들의 내장에서/생명이라 할 수 없는 생명들의 내장"이란 아마도 인간들의 탐욕을 지칭하는 듯하다. 놀라운 점은 그러한 인간의 더러운 욕망까지도 갈치가 탓하지 않고 품어준다는 것이다. "사람이라 할 수 없는 사람들의/생명이라 할 수 없는 내장이 되네"에서 그러한 갈치의 공덕, 갈치젓으로 인간에게 헌신하는 갈치의 역할을 헤아릴 수가 있다.

차창룡 시인은 그렇게 노동의 활력과 살신성인의 역할, 대승적 자비심을 바다의 자연 속에서 읽어낼 수가 있었다. 그것이야말로 '목탁'의 언어이며 '보리심'일 것이다. 그리고 그러한 마음이 결국 그를 출가의 길로 인도했을 것이다.

뜨거운 여름

불교에서 참선 수행의 원리를 그림과 글로 그려놓은 '십우도(十牛圖)'라고 하는 것이 있다. 10가지 단계로 참선 수행 과정의 깨달음이 발전하는 상황을 소가 움직이며 존재하는 여러 가지 모습으로 설명해 놓은 책이다. 그뿐만 아니라 예로부터 동양화에는 신선이 소 등에 올라타고 피리를 불며 걸어가는 모습이 많이 등장하고 있다. 이렇듯 소는 인간과 자연을 아우르며 삶의 근원적인 이치를 암시하는 상징으로 자주 표현되었다.

그렇다면 소의 어떠한 행동이나 속성이 그러한 이치를 표현하도록 만들었을까? 깨달음의 수행 과정에 연관시켜 생각해 볼 수 있는 소의 행동은 무엇보다도 꾀를 부리지 않는 부지런함일 것이다. 힘든 노역의 고통과 제 몸을 바치는 희생도 반영되었을 법하다.

그런데 이런 특징들에 못지않게 중요해 보이는 다른 속성이 있다. 그것은 바로 느림과 여유로움이다. 소의 동작이 느릿하고 무엇보다도 대표적인 반추동물이라는 점을 상기할 필요가 있다. 되새김질하는 버릇과 서두르지 않는 동작은 삶의 수행 과정에서 가장 긴요한 자세로 받아들여질 만하다. 특히 지식이나 물건을 쉽게 얻고 버리는 '소비의 속도전'을 강조하는 현대사회에서 이러한 소의 몸짓은 우리의 분주한 삶을 근원적으로 반성하게 만든다. 다음의 시편도 그러한 소의 몸짓을 주목하고 반성해 보는 내용을 표현하고 있다.

풀밭에 누워 오후 내내 배 채웠던
끼니 도로 게워 되새김질하고 있는 소,
퍼 올린 표주박 물처럼 맑은
눈망울 속엔 그렁그렁 슬픔이 고여
일렁이고 있다 그 맑은 수면 위
천천히 구름이 흘러가고 앞산이 스쳐간다
소의 눈 들여다보는 일은
잃어버린 시간을 돌아보는 일
얼비치는 흑백의 풍경 애틋하다
내가 상념에 잠겨 있는 동안
장좌 묵언하는 스님처럼

저도 무념의 시간을 저작하더니

등에 수북이 쌓인 여름 털며

게으르게 일어서는 소

체내에서는 벌써, 삼켜진 풀잎들

한창 붉은 피로 자신들의 몸 바꿀 것이다

한 소식 얻은 듯 쿵쿵쿵 지축 울리며

걸어가시고 한 발 한 발 보폭 옮길 때마다

항문 비집고 나오는, 떡가래처럼

굵고 푸짐한 아침나절의 초원

일정한 간격 지키며 길에 남는다

그러자 냄새에 동한 풀잎들 길 쪽에

먼저 닿으려 손 뻗으며 아우성이다

—「뜨거운 여름」

이재무 시인의 시편 역시 소의 여유로운 동작을 참선하는 스님의 몸짓에 비유해 보인다. 그런데 더욱 주목할 만한 특징은 소의 '눈망울'에 반영되어 있다. "그 맑은 수면 위/ 천천히 구름이 흘러가고 앞산이 스쳐간다/ 소의 눈 들여다보는 일은/ 잃어버린 시간을 돌아보는 일"이란 내용이 바로 그것이다. 소의 눈망울에는 우리가 문명사회에서 잃어버린 시간이 비쳐 보인다는 것이다. 그 시간은 바로 자연과 소통하며 어울리는 시간이다.

그런데 자연과 소통하는 시간은 소의 또 다른 생명력을 일깨우고 있기도 하다. 그것은 바로 풀잎들을 되새김질로 소화하여 만들어내는 배설물의 능력이다. 시인의 재치 있는 상상력은 그것을 "굵고 푸짐한 아침나절의 초원"이라고 묘사한다. 배설물이 초원이라니! 하지만 그것을 물에 개어 벽을 만드는 재료로도 쓰고 땔감으로도 쓰는 유목민의 생활풍습을 떠올려보면 적절한 묘사라 하지 않을 수가 없다. 소중한 자연의 유산인 셈이다. 그러므로 시의 마지막 부분에서 "냄새에 동한 풀잎들 길 쪽에/먼저 닿으려 손 뻗으며 아우성이다"라는 장면이 제시되었을 것이다. 우리가 외면하거나 놓쳐버리고 있는 생명의 순환 질서와 그것을 이끌어가는 소중한 자연의 시간을 일깨우기 위하여.

교감 주술

양평 용문사의 은행나무는 우리나라에서 가장 나이가 많은 은행나무로 알려져 있다. 1천 살이 넘은 것으로 판명되었다. 나이만큼 키도 크고 덩치가 우람해서 용문사를 대표하는 관광기념물이기도 하다. 당연히 천연기념물로 지정되었는데 이 나무는 용문사의 관광 수입에 크게 기여하고 있지만 한창 나무의 생명력이 왕성하던 시절에는 용문사를 먹여 살리는 역할을 은행알 수입으로 감당했다고 한다. 1960년대에는 스무 가마나 되는 은행알을 생산해서 그 판매 수입이 사찰의 주요 살림을 감당할 수 있을 정도였다는 것이다. 2000년대에 접어들어 나무가 고사할 위기에 처하기도 했던바 가지를 쳐내고 나무를 소생시켰다. 그 결과 60여 미터의 높이로 동양에서 가장 키 큰 위용을 과시했던 나무의 키는 40여 미터가 채 안 되는 높이로 작아지고 말았다.

그래도 여전히 우람한 거목의 몸체를 과시하며 5가마 안팎의 은행알을 생산하면서 사찰을 방문하는 일반인에게 선물을 안겨주고 있다.

용문사 은행나무가 왕성한 생명력을 오랜 세월 지속해 온 능력을 해학적으로 경배하는 시편이 있어서 살펴볼까 한다. 시를 쓴 주인공은 오탁번 시인이다.

지난 해 여름
젊은 여류 시인과 양평 용문사(龍門寺)에 갔다
천백 살 잡수신 은행나무를
까마아득하게 올려다 보면서
합장 배례하는 나에게
솜털 보송보송한 처녀인양
그녀가 속삭였다
— 은행나무와 했어요?

하늘만큼 높은 은행나무는
사진기도 없이 찍는 시늉만 하는
한심한 우리를
눈썹 아래로 꼬나볼 뿐인데
서녘 하늘 역광으로 한 채

거망빛 손사래를 칠 뿐인데

또 소곤소곤 속삭였다

— 은행나무와 했어요?

수간(獸姦)이란 말은 들어봤어도

나무하고 그거 하는

수간(樹姦)이란 말은 난생 처음이어서

가는 귀 먹어

말을 잘못 알아들었는가보다

생각하면서

겨우 예순일곱 살 먹은 나는

그냥 빙그레 웃었는데

— 안 했어요?

내가 대꾸를 안 하자

천백 살 잡수신

점잖은 은행나무 몰래

갸릉갸릉 침 삼키는 소리로

속삭이면서

옆구리를 콕 찔렀다

— 시적(詩的) 교감(交感) 안 했어요?

오냐오냐
올가을에 비로소
천백 살 잡수신 신부와
막 신방을 차리는 중이다
노랗게 익은 은행알이
알알이 등을 켜는 이 밤에
좀은 고린내가 나긴 하지만
빙하기를 견뎌 나에게 달려온
어여쁜 용문사 은행나무와
평강공주 같은 딸 하나
만들고 있는 중이다

—「교감 주술」

오탁번 시인이 이 나무에 관심을 기울이게 된 까닭이 분명하게 표현되어 있지는 않지만 "은행나무를/까마아득하게 올려다보면서/합장 배례하는" 행동을 하는 것으로 보아 종교적 경외감을 느끼고 있는 것은 분명하다. "천백 살 잡수신"이라는 구절이 반복되는 점을 근거로 삼아보면 오래 지속되는 생명력에 대한 경외감이라 보인다. 게다가 "빙하기를 견뎌 나에게 달려온"이라는 구절로 보아 중생대에 태어나 오랜 세월을 강인한 생명력으로 버텨온 은행나무 종에 대한 경외감까지 포함되어 있을 것이다. 은행나무는 그래서 나무의 '화석'이라고까지 불리기도 한다.

시인이 이렇게 나이 많은 은행나무에 경외감을 표하는 이유는 인간인 자신이 "겨우 예순일곱 살 먹은" 나이임에도 생명력이 시들어가는 노인이 되어가고 있기 때문이기도 하다. 은행나무는 그렇게 나이가 많은데도 왕성한 생명력으로 "노랗게 익은 은행알"을 만들어내고 있으니 말이다.

본디 은행나무는 암수가 구분되어 있고 열매는 암나무에만 열리니 이 나이 많은 은행나무도 사람으로 치자면 여성인 셈이다. 그러므로 시인에게는 "안 했어요?"라는 물음이 자꾸만 성적인 관계로 연상되었을 법도 하다. 자신은 늙어서 관능적인 욕구도 시들어가는 처지가 되는데 천 년이 넘었는데도 은행알을 출산하는 은행나무의 수태능력이 궁금하고 부럽기까지 할 테니까.

나무와 정을 통한다는 "수간(樹姦)"이라는 낱말까지 떠올리는 나무의 왕성한 생명력에 대한 시인의 질시와 욕망은 현대 문명사회에서 인간이 황폐화하고 있는 자연의 생명력에 대한 향수와 그것이 복구되기를 바라는 열망을 암시하고 있다. 은행나무와 통정이라도 해서 씩씩한 "평강공주 같은 딸 하나/만들고" 싶은 마음은 그러므로 시적 교감을 넘어서는 인간과 자연의 생명력에 대한 교감을 표현하고 있는 셈이다.

이슬은 산소다

김민기가 작사, 작곡하고 양희은이 노래 부른 〈아침 이슬〉은 1980년대의 민주화운동을 상징하는 노래였다. 가사 중에서도 "긴 밤 지새우고 풀잎마다 맺힌"이라는 노래의 첫 소절이 시작되면 시위에 참여한 사람들의 가슴은 이미 뜨거워지기 시작했다. 그 가사에 고난을 이겨낸 결실이 이슬의 결정체로 아로새겨져 있었기 때문이다. 그때의 이슬은 피와 땀의 결정체와 동일한 존재로 받아들여질 수 있을 것이다.

그런데 그런 정치적 의미와는 별도로 풀잎마다 맺힌 아침이슬은 자연의 생명체에 생명 활동을 유지할 수 있는 적지만 간절한 생명수의 역할을 감당하기도 한다. 특히 사막에 사는 곤충이나 작은 동물에게 이슬은 필수적인 수분 섭취의 기회를 제공하기도 한다. 그런 점에서 이슬은 자연이 제공하는 절실하면서 아름다운 선물인 셈이다. 그런 이슬을 '눈'이거나 '산소'라고 노래한 시인도 있다.

이슬은 온몸이 눈이다
그러기에 몸 전체로 생을 응시한다
그의 영롱함은 그의 고통스런 매달림을 응축한 것
긴긴 우회로를 지나 그가 닿은 곳은 풀잎, 그러나
풀잎과 결별할 때도 그는 낙하하지 않고 증발한다
그의 영혼 안쪽에 숨겨둔 부서지기 쉬운 육체를
이슬, 이라고 발음하는 사이 그는 어느새 기화한다
이슬은 물방울이 아니다, 이슬은 산소다
저녁이 발송한 야경, 한 덩이의 수정
공기를 밟고 하루를 건너는 저 표정에서
나는 우주를 꿈꾸는 사색의 얼굴을 본다
결코 움켜쥘 수 없는 빛남, 둥근 직립
그의 몸속으로 기체의 음역들이 지나간다
풀잎을 떠나는 그의 목청은 소프라노다

— 이기철, 「이슬은 산소다」

이 시에서도 세 번째 행에 "그의 영롱함은 그의 고통스런 매달림을 응축한 것"이라는 내용이 등장한다. 이슬은 그만큼 인내와 끈기의 땀방울 같은 속성을 암시할 때가 많은가보다. 실제로 밤새워 대기의 수분을 결집하여 이슬방울 결정체로 만들어 낸 자연 활동은 인내와 끈기의 소산으로 여겨진다.

그런데 "이슬은 산소다"라는 내용이 우리의 시선을 참신하게 사로잡는다. 이슬이 고생을 이겨낸 삶의 보람을 암시할 뿐만 아니라 자연의 생명을 지켜주는 필수 원소로 지칭되고 있기 때문이다. 더구나 "이슬은 물방울이 아니다, 이슬은 산소다"라는 차별의 규정까지 내려져 있어서 더욱 의미심장해 보인다. 물은 며칠을 안 마셔도 살아남을 수 있을 것이다. 하지만 산소는 떨어지면 단 몇 분을 견뎌낼 수가 없다. 이슬은 그렇게 긴급한 자연의 존재 여건을 환기해 준다는 뜻으로 읽힌다. "영혼 안쪽에 숨겨둔 부서지기 쉬운 육체"를 이슬에 비유한 이치도 그렇게 훼손되기 쉬운 자연의 존재 여건을 떠올려준다.

"탄광 속 카나리아"라는 경고 현실을 비유한 표현도 있다. 20세기 초반에 서양의 광부들이 탄광으로 들어갈 때마다 카나리아 새를 새장 속에 넣어서 가져간 경우를 가리키는 표현이다. 카나리아는 산소가 희박해지거나 유독가스가 발생하면 사람보다 예민하고 연약해서 이내 죽어버릴 수 있어서 카나리아를 위험의 경고 지표로 삼은 셈이다.

매일 아침 마당에 나가서 풀잎에 맺혀있는 이슬을 발견할 때마다 우리는 아직, 생명이 살아 숨 쉴 만하다는 느낌을 확인받을 수도 있을 것이다. 그런 점에서 마당이 없는 아파트에서 사는 사람들은 아침에 이슬을 확인하기도 어렵다. 옛말에 "눈에 보이지 않으면 마음에서도 멀어진다"고 하였다. 이슬을 확인하지 않는 생활에 익숙해지면 자연의 "부서지기 쉬운 육체"와 자연의 긴급한 존재 여건도 우리들 마음속에서 잊힐 것이다.

저녁별 아래 망아지가

사춘기 시절 교회의 성탄전야 예배 후에 마련된 고등부 친교 모임에서 짝사랑하던 소녀에게 시와 그림이 함께 실려 있는 조그만 액자를 선물한 적이 있다. 먼 산과 산 너머 하늘 위로 흰 구름이 그려진 배경 위에 칼 부세라는 독일 시인의 「저 산 너머」라는 작품이 필기체로 쓰여 있는 액자였다. "산 너머 하늘 밑 저 멀리/행복이 있다기에/남 따라 찾아갔다가/눈물만 머금고 돌아왔다네……". 이런 내용이었다. 이룰 수 없으나 그리움을 포기할 수 없는 삶의 꿈을 행복이나 사랑으로 노래한 내용이 내 마음을 사로잡았던 듯하다.

루카치라는 헝가리 출신의 문학자는 "별이 빛나는 창공을 보고, 갈 수가 있고 또 가야만 하는 길의 지도를 읽을 수 있던 시대는 얼마나 행복했던가"라는 내용으로 인류의 순수한 시절에 문학이 추구했던 삶의 가치를 그리워하였다. 그러한 삶의 가치를 그리워하는 까닭은 우리가 언제부터인가 그것을 상실해 버렸기 때문이다. 별이나 달을 따러 떠나는 동화 속의 모험도 인간이 만들어놓은 문명의 세계 속에서는 찾을 수 없는 삶의 가치에 대한 근원적 욕망을 내포하고 있다. 이건청 시인의 다음 작품도 그런 동화 세계의 꿈을 노래한다.

어릴 때 나는
아지랑이 따라
들판 끝까지
달려가 보곤 했었다.
종달새가
하늘 끝으로
가뭇가뭇 사라질 때까지,
망아지 한 마리 되어
달려가곤 했었다.
너무 멀리까지 간 내가
저물녘,
노을 속에서 길을 잃고,
저녁별 하나둘 떠오르면
그 별들 중의 어떤 것이

손을 잡아 주었다.

어릴 때 나는
망아지 한 마리 되어
멀리 가곤 했었다.

—「저녁별 아래 망아지가」

이 작품에는 어릴 적부터 사람들 세상에서 충족될 수 없는 막연한 삶의 호기심과 그리움을 찾아 떠나는 순수한 마음이 표현되어 있다. 우리들은 대부분 어린 시절에 이것과 유사한 체험을 겪은 바가 있을 것이다. 그런데 중요한 점은 미지로의 모험이 대부분 자연의 세계를 향하고 있다는 사실이다. 자연이 인간이나 문명의 세계보다 크고 오래된 세계라는 점에서 그 모험은 삶의 근원에 대한 호기심과 욕망을 담아내고 있다.

그런데 언제부터인가 우리에게는 이러한 모험에 대한 동경이 사라져가고 있다. 대신에 편안하게 떠날 수 있는 여행이나 수월하게 이룰 수 있는 목표에 대한 욕구가 늘어나고 있다. 정해진 일정대로 정해진 지역을 돌아보는 여행에서 얻을 수 있는 체험과 깨달음은 얕고 판에 박힌 보람을 안겨주기가 쉽다. 그런 여행은 우리의 생활을 반성하고 쇄신시켜 주기보다는 안락한 일상을 유지하는 데 보탬이 되는 윤활유 역할을 할 따름이다.

이건청 시인의 작품에서는 모험을 떠나는 마음을 "망아지"에 비유하고 있다. 이때의 망아지란 어떤 속박도 받지 않는 상태로 자유롭게 뛰노는 우리의 순수한 영혼을 상징한다. 인간이 만든 문명의 굴레를 벗어나 삶의 드넓은 자유를 허락하는 자연의 품에서 방황하는 영혼. 우리가 문명이 허락해 준 삶의 길을 잃어버리고 자연 속으로 모험을 떠나는 한 마리 망아지의 순수한 영혼을 가슴에 품을 수 있는 날이 다시 찾아올 수 있을까.

신성한 길

이제는 거의 사라져 버린 듯한 취미 중에 이런 것이 있다. 아름답게 물든 가을 단풍잎을 주워서 책갈피에 끼워 놓거나 단짝 친구에게 보내는 편지에 함께 넣어보는 일. 나는 형제 없이 누님 두 분과 여동생만 있던 터라 어린 시절부터 가을 단풍을 곱게 말려 간직하는 누님들의 행동을 자주 목격할 수가 있었다. 지금도 기억이 선연한 장면은 누님들이 즐겨 읽던 소설이나 수필집을 들추다가 발견한 결이 고운 단풍잎들이다. 그것들은 바싹 마른 채 붉은 빛이 약간 바래가는 사이로 마치 손금처럼 선명한 잎맥들을 펼쳐 보이고 있었다. 실핏줄처럼 사방으로 뻗어있는 그 잎맥들 탓에 그 단풍잎은 마치 손바닥 같다는 느낌을 안겨주기도 했다. 그래서 약간 마음이 섬뜩하기도 했다. 그런데 그런 잎맥의 모양 속에서 새로운 길의 존재 가치를 찾아내는 시인도 있다.

나뭇잎에는 나무만이 아는 신성한 길이 있다 인간이 가보지 못한 무수한 저 돋을새김, 봄이면 뻐꾸기가 길을 내고 여름엔 빗방울이 모여 길을 내고 가을엔 벌레 울음이 길을 내고 겨울이면 싸락눈이 길을 내는 표지판도 가로등도 보도블록도 없는 가장 약하고 어린 것들이 모여 주인이 되는 세상. 개미, 딱정벌레, 민달팽이, 멧비둘기 똥, 청개구리, 풀잠자리, 작은 절지동물들이 자유롭게 길을 가고 전을 펴고 알을 까고 쌍살벌이 몇 년씩이나 공으로 세를 사는 곳. 산누에나방이 연둣빛 무허가 집을 마구 지어도 용역회사 포크레인이나 불도저를 볼 수 없는 곳. 장갑차나 자동화기가 없어도 쉬엄쉬엄 부는 바람까지 다툼 없이 이웃끼리 고루 나누는 나뭇잎에는 나무만이 아는 신성한 길이 있다

—「신성한 길」

유재영 시인은 나뭇잎에 모양을 아로새긴 그 잎맥을 "인간이 가보지 못한" 길이라고 노래한다. 나는 그 노랫말을 "문명이 가보지 못한 길"이라고 고쳐 부르고 싶다. 아니, 어쩌면 "문명이 훼손해 가는 길"이라고 탄식하고 싶다. 그 길의 아름다움을 시인은 사계절의 생명현상으로 묘사해 보인다. 그렇게 묘사해 보이는 생명현상 중에서도 중요한 점은 "가장 약하고 어린 것들이 모여 주인이 되는 세상"의 길을 그 생명현상이 만들어내고 있다는 사

실이다.

그 길에는 “포크레인이나 불도저”가 동원되지 않으며 “장갑차나 자동화기” 같은 무기들의 자취도 없다. 부자들이 독점하지 않고 “다툼없이 이웃끼리 고루 나누는” 생명현상의 길을 봄부터 가을까지, 아니 푸른 상록수들은 사계절 내내 열어 보인다.

바람이 불 때마다 살랑거리는 나뭇잎에 새겨진 그 길의 손금, 지문을 자세히 살펴보라. 바람이 살랑거릴 때마다 나뭇잎들은 마치 아기들이 조그맣게 흔들어 보이는 손바닥처럼 우리에게 사랑스러운 인사를 보내지 않는가. 우리를 안아달라고, 우리와 놀아달라고. 그래서 나뭇잎들은 눈물겹다.

우리는 너무 그들을 괴롭혔다. 함부로 때리고 상처를 입혔다. 새해에는 부디 그 순연한 자연의 손바닥이 상처 입지 않도록, 우리가 자연의 손바닥과 따스한 악수를 나누었으면 좋겠다.

내 오래도록 오르내리는 산길 중턱에

내가 사는 아파트 단지에는 은행나무가 가로수로 살아가고 있다. 이 단지는 1980년대 후반에 조성되었고, 그 당시에 이미 수령이 몇 년씩 묵은 은행나무들을 심어놓았던 탓에 요즘에는 은행나무들이 모두 40살이 넘어서 나무 둥치가 반 아름쯤 되는 것들도 많다.

이제는 그만두었으나 몇 년 전까지 출판사와 잡지사 편집자 노릇을 하며 사람들에게 많이 시달리는 생활을 하던 터라 술을 위안 삼아 밤늦게 귀가하는 때가 많았다. 간혹 아파트 단지에 인적이 느껴지지 않아서 그랬는지, 혹은 취기가 부려내는 객기였는지 모르겠으나 인도와 잔디밭 경계에 서 있는 은행나무에 손을 흔들며 인사를 하거나, 때로는 하나씩 끌어안고 뺨을 댄 채 무슨 말인가를 한참씩이나 중얼거리곤 했었다. 나무껍질의 거친

질감이 오히려 든든하고 편안한 느낌을 주면서 외롭고 고단한 마음에 적잖은 위안이 되었던 기억이 난다. 눈시울이 뜨거워지고 그냥 이렇게 살아도 되나, 잠시나마 그런 반성을 떠올렸던 기억도 난다. 최근에 그런 내 심정을 담아 내주는 시편을 발견해서 소개해 본다.

내 오래도록 오르내리는 산길 중턱에
튼실한 아름드리 참나무가 두어 그루 서 있다오
어느 때는 가끔, 가쁜 숨 가라앉혀
나무 곁에 다가가 가만히 걸음 멈춰
두 팔로 나무를 감싸 안아보지요
그러고 부드러운 나무들의 숨소리에 귀를 기울인다오
아마도 그런 날은 쓸쓸한 날이거나 우울한 날일게요
또한 그런 날은 가망 없는 기대가
우리를 실망케 한 날일지도 모릅니다
내가 나무를 안아보면
한자리에 뿌리 내린 아름드리 참나무는
언제나 변함없이 묵묵하지만
그러나 나는 이따금 느낀다오
마치 우리가 철없이 어린 날 엉뚱한 잘못으로
부모님께 꾸중을 듣고 혼이 났을 때

근엄하면서도 자애롭던, 그리고 언제나
말수가 적으시던 백부나 조부님이
조용히 우리 곁에 다가와 우리 등을 감싸주던 그때 그 순간처럼
내가 나무를 안는 것이 아니라 나무가 나를 안아주는 것이라고
그 순간 나는 알 수 없는 평온함을 느끼면서
나무와 내가 한몸이 되는 순간을 맛본다오
그리하여 나는 꽃피는 봄날, 혹은 가을날
비록 우리네 하루가 덧없이 속절없이 흘러갈지라도
나도 또한 든든한 아름드리나무들로 인하여
새로운 힘을 얻어 세간의 도시로 발걸음을 돌린다오

—「내 오래도록 오르내리는 산길 중턱에」

김명수 시인도 "쓸쓸한 날이거나 우울한 날", 또는 "가망 없는 기대가/우리를 실망케 한 날" 나처럼 나무를 끌어안고 위안을 얻었던 추억을 털어놓고 있다. 비록 그때 우리가 끌어안긴 했으나 사실은 "나무가 나를 안아주는 것이라고" 깨닫는 순간, 나무는 우리와 가장 가깝고 믿음직한 혈족으로 다가온다는 사실, 다만 그 혈족은 "언제나 말수가 적으시던 백부나 조부님" 같은 분이라는 사실을 실감하게 된다.

우리는 평소에 말 많고 자극적인 관계에 이끌리며 살아간다. 스마트폰을 통해서 끊임없이 떠들면서 확인할 수 있는 그런 관

계는 자극적인 즐거움만큼 쉽사리 지겨워하거나 미워할 수 있는 반응을 부산물로 떠안겨준다. 그리하여 다시 새로운 자극적인 관계를 찾아 나서는 부나방 같은 일상을 도회지의 삶은 우리에게 강요한다. "우리네 하루가 덧없이 속절없이 흘러갈" 가장 나쁜 경우는 바로 이와 같은 문명의 강요를 수락할 때 생겨난다.

나무는 그러한 문명의 강요에 지친 우리를 새로운 자극의 관계로 인도하는 악순환에서 벗어나게 해준다. "말수가 적으시던" 태도는 자극의 악순환에서 벗어날 수 있는 가장 구체적인 치유책이 되고 있다. 스스로 고요하게 명상에 잠기는 일상을 잠시라도 누려보라고 권유하고 있기 때문이다. 나무라는 고요한 가족, 나무라는 고요한 스승이 우리의 때 묻고 상처 입은 몸과 마음을 잠시 안아주고 씻어준 후에 세상으로 돌려보낸다. 너 혼자 "새로운 힘을 얻어" 살아 보라고.

구부러지다

동양과 서양의 시간관은 전통적으로 다르다. 서양의 시간관은 '직선적'인 특징을 간직하고 있다. 과거에서 현재를 거쳐 미래로 나아가는 직선적 시간의 흐름 속에서 서양인들은 '발전적 역사관'을 만들어냈다. 그에 반해 동양의 시간관은 '순환적'이다. 과거에서 현재를 거쳐 미래로 나아가는 시간의 흐름을 '돌아가는' 원의 흐름과 같은 것이라고 평가한 동양인들은 불교의 '윤회사상'과 같은 개념을 생각해 냈다.

직선적인 시간관에 근거해서 역사의 발전을 염두에 두면 자칫 자연을 문명의 발전을 위한 개발이나 정복의 대상으로 바라보기가 쉽다. 자연은 그저 인간을 중심에 놓고 인간의 삶의 편의와 풍요를 위한 환경이거나 수단으로 개발할 수 있는 것에 불과하기 때문이다.

그렇다면 순환적이며 곡선의 흐름으로 시간의 개념을 파악하는 동양적 세계에서 자연은 인간의 삶과 어떠한 관계를 맺고 있을까?

구부러진
지리산 아랫마을 팔순 할미의 허리는
유장하게 굽이치는 지리산 능선을 닮았다
가만 보면
저녁 능선 위에 걸린 초승달과도 겹친다

지리산 품에서 태어나
한평생 지리산만 바라보며 살아왔으니
몸속에 지리산 한 채를 온전히 품었겠다
지리산의 친딸로 스스럼없겠다

팔순 할미의 허리에는
육신을 가파르게 끌고 온 세월도 세월이지만
강물도 산길도 밭두렁도 저녁연기도 있고
구부러진 지리산 유전인자가 다 스며 있다

구부러진다는 것은 돌아간다는 것

늘그막에 어린아이가 되어 친정집에 들듯

원점으로 휘어져 회귀하는 일이다

머잖아 지리산이 할미를 불러들일 것이다

—「구부러지다」

김선태 시인은 자연을 곡선의 시각에서 마주하고 있다. 곡선의 시각에서 바라보면 사람은 자연을 닮아있다. "지리산 아랫마을 팔 순 할미의 허리는/유장하게 굽이치는 지리산 능선을 닮았다"라고 노래하는 이치가 그렇다. 닮을 수밖에 없다. 사람은 자연의 일부이고 자연에서 생겨났으니까, 그리고 다시 자연으로 돌아가니까. 자연으로 돌아가는 인간의 무덤을 그래서 동양에서는 둥근 봉분의 모양으로 만드는 모양이다. 시인도 "구부러진다는 것은 돌아간다는 것"이라고 규정하고 있다. "원점으로 휘어져 회귀하는 일"인 것이다. 돌아가는 곳은 고향인 셈이니 인간의 고향은 자연인데 자연을 훼손하는 인간의 어리석은 마음이 안타깝기 그지없다.

일찍이 『목민심서』의 저자인 실학자 정약용은 자연 경작지의 존재감을 가로 곱하기 세로의 면적으로만 따져보는 관리들의 무지몽매함을 비판한 바 있다. 자연을 개발이 가능한 부동산 가치로만 따져보는 마음씨라면 '4대강 개발사업'을 추진한 이명박

정권을 능가하기는 어려울 것이다.

지리산은 우리나라 산중에서도 뾰족한 직선의 형상에 가까운 '악산(岳山)'이 아니라 부드러운 곡선의 형상을 가진 '토산(土山)'을 대표한다. 높기도 하지만 유역 면적이 넓어서 품이 넉넉하기로 견줄 산이 없다. 자기를 사랑하는 사람들뿐만 아니라 자기를 홀대하는 사람들까지 품어줄 만큼 넉넉하다. 한 해를 마감하면서 그 넉넉한 자연의 품에 안겨보는 기회를 마련해 보면 어떨까 싶어진다.

한낮

"드므"는 낮고 입구가 큰 항아리를 가리키는 낱말이다. 대개는 물을 담아놓는 도구로 사용한다. 우리나라 궁궐에도 청동으로 만든 드므가 있다. 궁궐에 있는 드므의 용도는 화재를 대비하여 소방수를 채워 넣는 것이다. 소방수를 채워 넣을 정도의 크기라면 규모를 짐작할 수가 있다.

드므의 어원은 더욱 흥미롭다. 한라산을 뜻하는 한자어인 "두무악(頭無岳)"의 "두무"에서 유래했다는 주장도 있는데, 머리가 없는 산이란 백록담을 담은 한라산 모양을 가리킨다. 그렇다면 백록담이 드므에 해당하니 항아리치고는 어마어마하게 큰 셈이다. 그 정도 크기의 항아리에 담긴 물이라면 끄지 못할 화재가 없을 것이다.

그런데 봄에 물이 마른 백록담의 모양을 상상해 보면서 드므의 역할과 존재 이치를 따져 보게 만드는 시편이 있어서 소개한다.

텅 빈 물 드므에 고여 넘치는 고요를

덕 너머 뻐꾸기가 한나절을 받아낸다

웃자란 들깻잎 콩잎 항내서껀 받아낸다

초록도 지친 날은 고요마저 웃자라서

받아내고 받아내도 고대 고여 넘치고

능놀던 물길 한 자락 더디 돌아 나간다

—「한낮」

박기섭 시인의 시조에 등장하는 드므, 즉 항아리를 보면서 가문 봄날의 백록담을 상상해 보는 까닭은 항아리에 물이 아니라 '고요함'이 넘쳐나기 때문이다. 자연의 고요함을 마음껏 누려볼 수 있는 크기라면 텅 빈 백록담 정도가 어떨까 싶은 것이다.

그런데 항아리에 가득 찬 고요를 바라보면서 시인은 그것이 자연의 풍요로움이라고 생각해 본다. 그런 고요의 풍요로움을 확인시켜 주는 매개체가 바로 뻐꾸기이다. 뻐꾸기 소리를 들어보면 울음 사이에 간격이 있다. 뻐꾹 소리와 그다음 뻐꾹 소리의 간격, 그 간격이 고요를 뚜렷하면서 넉넉하게 만들어주는 셈이다.

특이하게도 시인은 그렇게 풍요로운 고요 속에서 자연의 향내까지 절실하게 퍼져나가는 것으로 느끼고 있다. "웃자란 들깻잎 콩잎 향내서껀 받아낸다"는 표현이 그런 뜻을 담아내고 있다. 이런 표현은 고요가 자연의 생명력을 왕성하게 키워내는 모양을 담아내기도 한다. 시인이 반복해서 "고여 넘치"는 모양을 보여주는 까닭도 그 때문이다.

그런데 고요가 베푸는 생명 활동의 또 다른 비밀이 시의 마지막 부분에서 밝혀진다. 그것은 바로 "능놀던"이라는 말이 보여주는 움직임의 속성이다. 능놀다는 본래 쉬어가며 천천히 활동하는 모양을 가리키는 낱말이다. 고요 속에서 물길도 천천히 흘러 나가는 모양을 보여준다고 느끼면서 시인이 생각하는 삶의 이치는 소란하고 분주한 문명의 속성과 대조를 이루고 있다. 시끄럽고 바쁘게만 살아가기를 강요하는 대도시의 생활환경이 우리들의 몸과 마음을 점점 황폐하게 만들어가고 있는 현실을 돌아보면서 고요하고 한가로운 자연의 속성을 누려보고 싶어지게 만드는 풍경인 셈이다.

마당 별곡

지금도 나는 한여름의 무성한 녹음보다 늦봄의 부드러운 연두색 초목을 좋아한다. 한여름의 녹음은 짙은 색감과 빽빽한 모양이 다소간 부담스럽거나 두려울 때도 있다. 무성한 자연보다 순한 자연을 좋아하는 마음은 어쩌면 소극적인 성격 탓이거나 숲보다 정원을 좋아하도록 문명이 세뇌해 놓은 탓일 듯도 하다.

본래 서양의 역사에서 '정원'이란 17세기에 전개된 신고전주의 자연 개념을 대표하는 낱말이다. 프랑스 루이 14세의 베르사유 궁전 앞에 조성된 정원이 자주 언급되는 사례이기도 하다. 신고전주의에서는 인간의 손을 타지 않은 원초적인 자연은 야만적이거나 위험하고, 심지어는 사악한 대상으로 규정되기도 했다. 따라서 인간의 손으로 다듬어진 자연을 바람직한 자연의 대상으로 평가했다. 합리적이며 이성적인 인간의 의지가 반영된 자연의 모습이 바로 인공정원이기 때문이다. 그것은 문명화된 자연의 모양이다.

그런데 낭만주의 사상가인 루소는 인공화된 자연의 개념에 반대하여 진짜 자연으로 돌아가라고 외쳤다. 그에게 진짜 자연은 인간의 손길이 닿지 않는 원시적인 곳이어서 그다지 아름다워 보이지도 않고 편리하거나 쾌적한 공간의 특징을 갖추고 있지도 않다. 그렇다면 다음의 시편에 등장하는 마당의 속성은 어떠할까?

우리 집 마당엔 호박넝쿨이
구부려놓은 자두나무와
대추나무 가지가 있다
우리 집 마당엔 잘 자라다가
구부러진 복숭아나무가 있고
매화가 있고
앵두나무가 있고
함께 엉켜 뒹굴고 있는 포도나무가 있고
자기 자리를 내주고 물러난 체리나무도 있고
아예 목 졸려 죽은
호박넝쿨과 정사한 감나무도 있다
우리 집 마당엔 무엇이든

친구하자고 어깨동무하는
가리지 않고 사랑하자고 몸 부비는
적극적인 호박이 지천인 여름이
또 가을이 있다
모두의 이웃이고 모두의 적인
호박넝쿨이 무엇보다도 그저 있다
우리 집 마당엔 세월이 그냥
구부려 놓은 구십 노부모도 가만 있다

—「마당 별곡」

이동재 시인의 작품에 등장하는 마당은 늦봄이 아니라 한여름의 자연 풍경을 보여주는 곳이다. 그곳은 보기 좋은 정원이 아니라 왕성한 생명현상이 벌어져서 호박넝쿨이 나무들과 뒤엉키고 모든 초목이 무성하게 자라나거나 구부러지고 죽어버리는 모양까지 보여준다. 그곳에서는 서로가 사이좋게 "친구하자고 어깨동무하는/가리지 않고 사랑하자고 몸부비는" 자연의 생명 활동이 "모두의 이웃이고 모두의 적인" 상황을 만들어내고 있다.

자연의 왕성함 속에 깃들어있는 무자비한 속성은 모든 생명현상의 불가피한 이치를 보여준다. 단것과 쓴것이 함께 어울리고 갈등하며 자라는 세월의 이치를 시골 마당의 자연은 품고 있다. 그런 자연의 존재 현상을 시인은 "그저 있다"고 말해본다. 있는 그대로, 본래 그대로 존재하게 놓아두는 자연의 모양이 그 집 마당에는 있다.

그런 마당, 삶이 죽음으로부터 격리되지 않고, 아름다움이 누추함과 공존하는 그런 생활의 자리를 현대인은 부담스러워하거나 회피하려고 한다. 현대 문명이 자연을 회피할 수 없듯이 우리 생활의 자리도 시골 마당의 생활 풍경을 수용해야만 한다. 자연과의 공존을 회피하다가 문명의 파탄이나 자연과의 공멸이 초래될 수 있다는 사실을 직시해야 할 것이다.

하루

동양과 서양의 언어나 생활 습관 차이를 살펴보는 〈동과 서〉라는 프로그램을 EBS 채널에서 보았다. 사진을 찍는 습관의 차이를 소개하는데, 주로 얼굴이나 상반신 중심으로 찍는 서양인들과 달리 동양인들은 인물 못지않게 배경을 중시하는 태도를 보여주었다. 인간의 얼굴이나 몸이 차지하는 사진의 공간보다 배경으로 등장하는 풍경이 차지하는 공간이 돋보일 정도로 사진을 찍는 마음가짐 속에는 어떤 무의식이 자리하고 있을까?

그러고 보면 사진뿐만 아니라 그림을 그릴 때도 마찬가지인 듯하다. 서양에서 오랜 세월 동안 그림의 대상은 성경이나 신화에 등장하는 신들의 모습이나 역사적인 사건에 등장하는 인물들, 그리고 신분이 높은 가문의 조상들이었다. 서양화에서 자연의 풍경이 전면에 등장하는 것은 근대 이후부터였다.

그런데 동양화에서는 전통적으로 화폭을 차지하는 것이 대부분 산과 강이다. 인간은 등장하더라도 미미한 자취를 보여줄 따름이다. 이런 결과를 보며 자연을 바라보는 우리 조상들의 마음을 읽어낼 수가 있다. 자연을 근원으로 섬기고 인간을 자연의 작은 부분으로 여기는 속내이다. 그런 속내를 다음의 시편에서도 확인할 수가 있다.

강이 있다.
건너면 산이다.
산이 시작되는 곳,
밤나무들이 서 있다.
감나무가 있고, 올라가면 묵은 밭이다.
칡들이 어린 팽나무를 타고 오른다.
묵은 밭 위에는 오래된 오동나무 위에 참나무 옆에
참나무 위에 산벚나무 위에 바위 옆에 도리깨나무
옆과 위에 또 아래 참나무 위에 소나무
그리고 소나무들이 다시 모여 있다.
바람이 불고
새들이 바람 속을 날아다녔다.

—「하루」

김용택 시인의 작품인 「하루」에도 인간의 자취는 배제되어 있거나 미미할 따름이다. 그저 "묵은 밭" 정도가 인간의 흔적을 드러낼 뿐, 그가 수십 년의 세월을 곁에서 살아온 섬진강과 강 너머의 산이 그의 삶을 대변해 주고 있다. 시인의 하루가 철저하게 자연을 향해서 나아가는 정경으로 그려져 있는 셈이다.

우리에게 친숙한 이런저런 나무들이 마치 가족과 이웃처럼 가득 시인을 에워싸고 있는 강과 산으로 나아가며 시인은 무슨 상념에 잠기고 있을까? 지나치게 인공적인 건물과 시설과 제도에 둘러싸인 생활에서 벗어나기 어려운 현실을 자각하면서도 그런 현실로부터의 자유를 꿈꾸는 마음이 그의 발길을 강 건너 인적 드문 산속으로 인도했을 법하다.

어쩌면 강은 문명과 자연의 경계에 놓여 있는 현대인의 마음을 담아내고 있을 듯도 하다. 예전에는 자연에 가까운 방향으로 흘러갔던 그 강이 이제는 문명의 방향으로 흘러가고 있는 변화가 두려울 듯도 하다. 마치 '4대강 개발'의 현실처럼.

여치 소리를 듣는다는 것

가족이나 친구가 가깝다는 사실을 실감하는 방법 중에 서로 말을 주고받지 않더라도 편한가를 확인해 보는 경우가 있다. 그냥 가만히 마주 보거나 같은 풍경을 바라보면서 대화를 나누지 않아도 어색함이나 긴장을 느끼지 않는다면 편하고 가까운 사이인 것이다.

부처님과 제자의 아름다운 관계를 증명하는 고사(故事) 중에 "염화 시중의 미소"라는 일화가 있다. 부처님께서 아무 말씀을 하지 않고 연꽃을 들어서 보여주니 가섭이라는 제자가 그 뜻을 알고 혼자 미소를 머금었다는 내용이다. 불법의 가르침이 진흙 속에서 피어난 연꽃과 같이 고해의 바다를 이겨내는 마음가짐이라는 사실을 깨달은 것이다. 말하지 않고 마음으로 가르침이 전달된 사례인 셈이다.

어쩌면 가족이나 친구보다 더 가깝고 편하게 느껴지는 존재가 자연이다. 특히 아무런 말도 하지 않고 고요한 상태에서 가장 편하게 느껴지는 대상이 자연인 셈이다. 그리하여 산사에서의 수행 방법 중에 "묵언수행"이라는 것도 있다.

어쩌면 묵언수행의 부수적인 효과가 자연의 소리를 듣는 것일지도 모른다. 자연의 소리는 인간이 만들어내는 소리가 고요한 상태에서 가장 소중하고 진실한 느낌을 안겨주기 때문이다. 가을밤에 듣는 풀벌레 소리도 그런 느낌을 안겨줄 법하다.

내 손이 닿지 않는 곳에서 떨어져 앉아 우는 여치

여치 소리를 듣는다는 것은
여치 소리가 내 귀에 와닿기까지의 거리를 생각하는 것
그사이에 꽉 찬 고요 속에다 실금을 그어놓고
끊어지지 않도록 붙잡고 있는 것
밤낮으로 누가 건너오고 건너가는지 지켜보는 것
외롭다든지 사랑한다든지 입 밖에 꺼내지 않고
나는 여치한테 귀를 맡겨두고
여치는 나한테 귀를 맡겨두는 것

여치 소리를 듣는다는 것은

오도카니 무릎을 모으고 앉아

여치의 젖은 무릎을 생각한다는 것

—「여치 소리를 듣는다는 것」

"여치집"이라는 것의 모양을 보면 여치의 생김새보다 소리를 듣는 기능을 중요하게 여긴 사실을 발견하게 된다. 소리의 가치가 보는 것의 가치보다 크다는 사실을 실감하려면 가만히 눈을 감아보면 된다. 소리가 보는 세계보다 훨씬 크고 아름다운 상상의 세계로 우리를 안내해 준다는 사실을 공감할 수 있기 때문이다. 자연의 소리는 우리에게 고요함의 전제 조건을 요구한다.

안도현 시인은 그런 전제 조건을 "그사이에 꽉 찬 고요 속에다 실금을 그어놓고/끊어지지 않도록 붙잡고 있는 것"이라고 말해본다. 자연과 인간 사이에 고요함이 효과가 밑바탕을 이룰 때 자연의 소리가 우리를 소중한 세계로 인도해 주는 것이다.

자연 속에서 우리는 "외롭다든지 사랑한다든지 입 밖에 꺼내지 않고" 가만히 생겨나는 느낌을 누리기만 하면 된다. 그러면 외로운 느낌, 사랑하는 느낌이 말로 표현하는 것보다 더욱 절실하게 가슴으로 와 닿게 된다. 그런 순간에 우리는 시인의 마음을 누리게 된다. "여치 소리를 듣는다는 것"이 "여치의 젖은 무릎을 생각한다는 것"이라는 상상 효과가 하나의 절실한 느낌으로 다가오게 되는 것이다.

자연과 가까워진다는 것은 이렇게 "내 손이 닿지 않는 곳에", 바꾸어 말하면 문명의 영향권에서 자연을 벗어나게 해 놓고 누리는 것이다. 그런 행위야말로 시인의 마음을 누리면서 자연을 지켜주는 일이기도 하다. 가을밤에 풀벌레 소리를 들으면서 떠오르는 느낌이다.

사람

한여름에 가장 깨끗하고 시원한 곳으로 찾아가 보고 싶은 명소 중에 바이칼 호수가 있다. 지구에서 가장 오래되고 깊고 큰 내륙호인 탓인지 바이칼 호수에는 "지구의 자궁"이라는 별칭도 붙어 있다. 이곳의 물이 자궁의 양수와 비슷한 성분을 갖고 있다는 분석 결과도 발표된 적이 있다. 게다가 한민족에게 이 호수가 유독 남다른 의미를 갖는 까닭은 이곳이 한민족의 기원이라는 설도 있기 때문이다. 이런 여러 가지 사항들을 확인하면서 자연이 베푸는 생명의 이치를 다시 한번 실감하게 된다.

사람 속에 사람을 들어앉히는
이보다 엄청난 일 있을까

자리 잡고 앉을 때까지
온몸이 일으키는 신음과 반란
환희 속에 얼룩진 무늬들로
다소곳이 자리잡고 앉은 아이
불러오는 배를 쓸면서 느끼는
나른한 포만감

사람 속에서 사람을 내어놓는
이보다 엄청난 일 있을까

되돌릴 수 없는 흔적
밖으로 내놓으면 홀가분할 듯해도
안 보이면 눈에 밟히는 애물
멀어져가는 뒷모습 보며 쓸쓸해지는
그래도 제 속에 또 사람 들어 앉히는
사람

—「사람」

백명숙 시인이 "사람이 사람을 들어 앉히는/이보다 엄청난 일 있을까"라고 강조하는 이치도 바로 그런 것이다. 어머니가 아이를 갖고 품어 낳듯이 지구의 자연은 인류를 만들어 품어주고 세상에 내보내 주었다.

인류는 지구상에 존재하는 다른 생명체들에 비하면 늦깎이로 태어난 편이다. 구약성경 「창세기」에서도 하나님은 모든 만물을 창조하고 마지막 날에 인간을 만들었다. 지구 존재의 막내뻘에 해당하는 셈이다.

그런데 문제는 인류에게 세상을 다스릴 권세를 부여해 준 점이다. 지나치게 애지중지를 받은 것인데, 대체로 늦게 본 막내가 가장 큰 귀여움을 받는 법이다. 그래서 막내들은 철이 없거나 자기밖에 모를 때가 많기도 하다.

지금 지구 자연은 막내가 저지른 말썽으로 어디 하나 온전한 곳이 없을 지경이다. 그래도 부모니까 자식을 내치지 못한다. 내리사랑이라서 성경에 의하면 하나님은 인간을 낙원에서 내쳤지만 결국은 메시아를 보내서 구원해 준다고 한다. 생명의 이치는 사랑의 이치라서 품을 줄만 알지 내칠 줄을 모르나 보다. 그 이치는 "되돌릴 수 없는 흔적"으로 모든 어머니의 품에서 생명체를 내보내는 사랑의 결실을 인간에게 배움의 체험으로 안겨주고 있다.

그런데도 아직 철들지 않은 막내뻘 인간들은 사랑의 이치를 외면하고 자연 훼손과 파괴의 만행을 저지르기에 분주하다. 한반도에서도 여름은 자연이 가장 시름을 크게 앓는 계절이다. 어머니 자연은 몸져누워 "온몸이 일으키는 신음과 반란"으로 괴로움을 겪어도 "제 속에 또 사람 들어 앉히는" 생명과 사랑의 이치를 감당하는 일을 반복할 것이다. 도대체 인간은 언제쯤이면 '돌아온 탕자'처럼 자연의 품으로 귀환할 수 있을까?

벌레 시사(詩社)

내가 사는 아파트는 도봉산 밑자락에 자리 잡고 있는데 예전에는 산자락에서 논농사를 짓는 십여 마지기 토지가 구획되어 있었다. 그런데 언제부턴가 토지 주인이 땅을 놀려서 잡초가 무성하더니 새로운 변화가 일어났다. 토지 전체에 몇 평씩 구획을 나누는 작업이 시작되더니 마침내 유치원이나 가족 단위 주말농장이 들어서게 되었다. 그 후로 산을 오를 때마다 산 나들이 겸 농사 체험을 하는 가족들의 땀 흘리는 모습을 자주 목격하게 되었는데 무엇보다 눈에 띄는 변화는 농약병을 보기가 어려워졌다는 점이다.

예전에 농사를 지을 때는 산에서 흘러내리는 실개울 부근의 논도랑에서 개구리를 보기가 어려웠고 추수할 무렵이면 메뚜기의 자취가 묘연했었다. 그런데 이제는 산에서 흘러내리는 실개울에 개구리는 물론 방게와 작은 물고기들의 움직임이 꼬마 가족들의 관심을 사로잡기에 부족함이 없다. 유치원생이나 가족들이 가꾸는 텃밭에는 잡초가 무성하고 채소들은 제대로 자라지를 않고 그나마 벌레가 슬어 수확을 걷을 수 있을지 의심스러울 지경이다. 그렇지만 자기 가족이나 유치원 식구들이 먹을 채소에 농약을 뿌릴 수는 없다고 결정해서 그런 상황이 만들어진 셈이다. 유기농 채소를 키우는 토지에 일어나는 변화를 문태준 시인은 다음과 같이 노래한 바 있다.

시인이랍시고 종일 하얀 종이만 갉아먹던 나에게
작은 채마밭을 가꾸는 행복이 생겼다
내가 찾고 왕왕 벌레가 찾아
밭은 나와 벌레가 함께 쓰는 밥상이요 모임이 되었다
선비들의 정자(亭子)모임처럼 그럴듯하게
벌레와 나의 공동 소유인 밭을 벌레시사(詩社)라 불러주었다
나와 벌레는 한 젖을 먹는 관계요
나와 벌레는 무봉(無縫)의 푸른 구멍을 사랑하기 때문이다
우리의 유일한 노동은 단단한 턱으로 물렁물렁한 구멍을 만드는 일
꽃과 잎과 문장의 숨통을 둥그렇게 터주는 일
한올 한 올 다 끄집어내면 환하고 푸르게 흩어지는 그늘의 잎맥들

—「벌레시사(詩社)」

문태준 시인은 자기가 새로 가꾸게 된 텃밭의 벌레를 주목하고 있다. 소출의 보람을 깎아내리는 벌레가 시인과 텃밭을 "공동소유"하고 있다는 생각은 어디에서 생겨났을까? 시인은 "나와 벌레는 한 젖을 먹는 관계요"라고 말한다. 엄마가 같다는 믿음인 셈이다. 그들의 엄마는 두말할 나위 없이 자연이다. 자연은 인간만의 소유물이 될 수 없다는 사실을 시인은 존중하고 싶은 것이다. 그런데 어째서 시인은 자연을 "無縫(무봉)의 푸른 구멍"이라고 상상하게 되었을까? 벌레가 갉아 먹는 이파리에는 물론 구멍이 생기므로 그것을 "푸른 구멍"이라고 할 수는 있을 텐데, 왜 무봉(無縫)이라는 어려운 한자까지 써가며 그것을 기리고자 했을까?

푸른 구멍은 어쩌면 생명을 이어주는 우리의 입과 목구멍을 암시할 수도 있다. 아니, 그것은 바로 생명체가 태어나는 자궁을 가리키는 것일지도 모른다. 또한 모든 생명체를 만들어내고 지켜주는 자연의 질서를 훼손하는 인간의 손길을 바늘로 꿰맨 자국을 뜻하는 '봉(縫)'이라는 한자에 비유하고 있는 듯하다. 그러므로 그런 손길이 미치지 않기를 바라는 마음이 '무봉(無縫)'이라는 한자어를 사용하게 한 듯하다. 벌레가 자연 속에서 먹고살아 가는 모습에는 그런 자취가 없듯이 인간들의 삶도 그런 자취가 없이 자연과 존재의 "숨통을 둥그렇게 터주는 일"에 봉사하기를 시인은 텃밭의 노동 속에서 꿈꾸는 것이다.

내가 기르는 강아지들

요즘에는 “반려동물”이란 낱말을 사용하고 개의 경우에는 “반려견”이라고 부르는데, 전에는 집에서 기르는 강아지를 “애완견”이라고 불렀었다. 나는 그 낱말이 마음에 들지 않았다. “완(玩)”이라는 한자어가 마음대로 가지고 노는 장난감이라는 뜻을 환기해 주기 때문이었다. 그럼에도 그 시절에 개라는 생명체를 오로지 인간 마음대로 키우고 처분할 수 있는 권리를 뜻하는 그 낱말에 거부감을 느끼는 사람들은 그다지 많지 않았다.

요즈음 성업 중인 애견센터나 개를 집에서 키우는 특정한 사람들의 태도에서도 그런 점을 엿볼 수가 있다. 개의 몸에 많은 장식을 하거나 개의 생활습성을 사람들 생활방식에 맞도록 고쳐 놓고 심지어는 성대 제거나 거세와 같은 수술을 시키는 행위를 마다하지 않는 태도들 속에서 우리는 개를 자연의 생명체가 아니라 예쁜 장난감 정도로 간주해 버리는 마음을 읽어낼 수가 있다. 김명수 시인의 시편은 그런 태도를 반성하게 만드는 내용을 담고 있어서 주목할 필요가 있다.

내가 기르는 강아지 두 마리
한 마리는 머리에 털이 많고
또 한 마리는 어느새
어금니도 나 있다
너희들은 문득
이름도 없는 너희들은
봄에 피는 산수유
혹은 사월에 돋는 무릇싹,
입모습에 정이 가는 돌고래
또는 멀리 있는 사람의 그리운 편지
적막한 밤하늘에 묻히는 流星을 떠올린다
아이도 아내도 없는 빈집에서
내가 홀로 오수에 잠기면
내 곁 그늘에 와서 머리 묻고
함께 잠드는 두 마리 강아지들
너희들은 나에게
먼 들판, 먼 바다,

그리운 사람, 아득한 우주를 일깨워준다

—「내가 기르는 강아지들」

김명수 시인이 자신이 키우는 강아지들에 대해 "이름도 없는 너희들"이라고 부르는 것으로 보아 그 강아지들은 아직 태어난지 얼마 되지 않은 것 같다. 그러나 이름도 없는 너희들이라는 말 속에는 더욱 깊은 뜻이 감추어져 있다. 이름은 사람이 붙여주는 것이므로 이름이 없다는 것은 강아지를 아직 사람의 의지 속에 가두어놓지 않았다는 뜻이 되기 때문이다. 이름도 없는 강아지들은 그런 점에서 자유로운 자연의 생명체일 따름이다. 그러므로 그 강아지들은 시 속에 등장하는 다양한 자연의 생명체들, 이를테면 "산수유"나 "돌고래"와 다를 바 없는 존재로 받아들여진다. 그 강아지들은 심지어 "멀리 있는 사람의 그리운 편지"와 같은 것이 되기도 한다. 그저 무심한 자연의 생명체가 아니라 사람에게 그립고 소중한 대상으로서의 존재 가치도 지니게 되는 것이다.

그러나 무엇보다도 "두 마리 강아지들"의 소중함은 "아이도 아내도 없는 빈집에서"의 고독함을 달래줄 뿐만 아니라 현재의 삶을 반성하고 넘어설 만한 근원적인 세계에 대한 향수를 불러일으키는 점에 있다. 그 강아지들은 "먼 들판, 먼 바다,/그리운 사람, 아득한 우주를 일깨워"주는 것이다. 비루한 일상의 욕망에 갇혀 살아가는 인간의 마음을 자연의 순수한 생명체인 강아지들이 자유롭게 풀어주고 영원한 세계에 대한 그리움을 잊지 않도록 인도해 주게 된다. 인간 중심의 판단과 욕망을 잠재울 때 열릴 수 있는 상생의 가능성을 시인은 이처럼 인간과 동물의 소박한 관계 속에서 찾아내는 따뜻한 마음을 보여준다.

우리 자신의 깊이

영국의 소설가 토머스 하디의 작품 『테스』에는 이런 내용이 서술되어 있다.

> "영혼이 몸 밖으로 나가는 것을 쉽게 느낄 수 있는 방법은"하고 테스가 하던 말을 계속 했다. "밤에 풀밭에 누워 크고 밝은 별을 똑바로 쳐다보는 거예요. 그 별에 정신을 쏟아 붓고 있으면 곧 내가 내 몸에서 수천 킬로미터나 떨어져 나가 있는 것을 알 수 있어요."

소설의 주인공인 테스는 지금 별과 가깝게 느껴지는 높은 곳에 올라가서 별을 바라보는 상태에 있지 않다. 그녀는 더구나 풀밭에 누워 있다. 그런데 영혼이 몸을 떠나 별로 나아가는 느낌을 받게 된다고 한다. 어째서 이런 느낌을 받게 되는 것일까? 그것은 바로 눈으로 보는 느낌을 말하고 있지 않기 때문이다. 그녀는 지금 마음으로, 영혼으로 별을 바라보고 있다. 영혼으로 별을 바라보니까 자신의 영혼이 하늘로 올라가서 별과 하나가 되는 느낌을 맛보게 되는 것이다.

이번에는 높은 곳으로 올라가서 달을 바라보는 느낌을 노래한 문학 작품을 살펴보도록 하자.

밤에
안데스 산맥을 갈 때
발아래 떠오르는
보름달은
땅의 높이와
하늘의 깊이를
다 보여주었다.
우리도 그리하여
홀연히
우리 자신의 높이
와 깊이
에 가서 닿았다!

—「우리 자신의 깊이」

높은 산에 올라가서, 그것도 안데스산맥 같은 높은 곳에서 바라보는 보름달은 유달리 "발아래 떠오르는/보름달"의 실감을 안겨줄 수 있을 듯하다. 그리고 자연스럽게 "땅의 높이"를 실감하게 해줄 것이다. 그런데 "하늘의 깊이를/다 보여주었다"는 느낌은 어떤 것일까?

정현종 시인이 안데스산맥에서 달을 바라본 행위도 테스처럼 영혼으로 바라보았을 법하다. 그 순간 달이 "하늘의 깊이를 다 보여주었다"는 느낌을 받게 된 것이다. 시인은 바로 달의 영혼을 찾아냈을 듯하다. "하늘의 깊이를 다 보여주"는 달은 눈으로 보는 달이 아니라 영혼으로 보는 달이기 때문이다. 시인의 영혼과 달의 영혼이 교감하는 순간인 셈이다.

예로부터 인류의 조상들은 모든 만물에 영혼이 깃들어 있다고 믿었다. 그래서 인간과 자연이 소통하고 교감할 수 있다고 생각했다. 이른바 "애니미즘", 또는 "정령신앙"이라고 일컫는 종교의 믿음이다.

이런 마음이 이제는 다 사라져 버렸다. 눈으로 보는 자연만 살아남고 영혼으로 보는 자연이 사라져 버릴 때, 더 이상 자연은 신비로운 생명이나 신성이 깃들어 있는 대상이 아니다. 그때 자연은 인간이 함부로 다루고 훼손할 수 있는 물건이 되어 버린다.

그런데 자연이 그렇게 되어 버릴 때 자연의 영혼과 소통해야 할 인간의 영혼도 사라져 버리게 된다. 현대 자본주의사회에서 인간은 점점 물건과 같은 존재가 되어가고 있는 듯하다. 그리하여 영혼이 사라져 가는 우리는 "우리 자신의 깊이"를 잃어버린 존재가 되어 버릴 것이다.

초록의 길

초판 1쇄 발행 / 2025년 8월 23일

지은이 / 이경호
펴낸이 / 황학주
펴낸곳 / 발견
본문 그림 / 채원경
디자인 / (주)시아울
주소 / 강원특별자치도 횡성군 둔내면 우용로 97번길 44 해밀리 512동
e-mail / balgyeonbook@naver.com

ISBN : 978-89-6879-085-0 (03810)